Claudius Taubert

Aus dem Leben eines Tau...berts

SUBJEKTIVES AUS SÜDAMERIKA

Claudius Taubert
Schreibersweg 6
99894 Friedrichroda

Printed in Germany by
Amazon Distribution GmbH Leipzig
ISBN-10: 1490320539
ISBN-13: 978-1490320533

Für Oskar und Maria

Inhaltsverzeichnis

Vorwort (erster Versuch)

Ein Schulmusiker aus Thüringen. Durchschnittlich alt. Keine schweren Krankheiten. Kaum kriminelle Neigungen. Keine Fernsehauftritte. Nicht mal im Frühstücksfernsehen. Schreibt gelegentlich. Sich selbst und anderen. Sich selbst der größte Fan. Freut sich lesend am selbst errichteten Phrasenberg. An selbst erdachten Worten wie zum Beispiel „Phrasenberg“. Selbstverliebt ins eigene Mittelmaß.
Warum sollte man die sprachlich mageren bis rhetorisch aufgedunsenen Rundmails eines gesellschaftlichen Niemands lesen, der nicht mal im Scheitern eine besonders große Falltiefe vorweisen kann?
Warum einem literarischen Geck das struppige Gefieder bürsten und sich von ihm einreden lassen, es sei bunt?
Warum sich mit einem „Schriftsteller“ auseinander setzen, dessen stilistisches Wunderkästchen sich damit erschöpft, dass er mehrere Sätze mit dem gleichen Wort beginnen lässt? Keine Ahnung wie dieses Stilmittel eigentlich heißt.

Wo war ich? Ach ja! Ich verreiße hier gerade mein schönes Buch.

Warum … ja, warum eigentlich?
So schlecht ist es nun auch wieder nicht.

Vorwort (zweiter Versuch)

Liebe Leser,

wir kennen uns zwar nicht, aber ich würde Sie trotzdem gerne duzen. Darf ich? Danke.
Da wir, wenn alles gut geht, einige Seiten miteinander verbringen werden, sollte ich mich wahrscheinlich vorstellen. Ich wurde 1983 in Eisenach geboren und bin zurzeit Musiklehrer an einem kleinen beschaulichen Gymnasium in der Thüringer Steppe. Nebenbei schreibe ich Lieder für eine der unbekanntesten Progressive Rock Bands Thüringens namens Playground und unterrichte an der Hochschule für Musik Franz Liszt in Weimar Schulpraktisches Klavierspiel.
Wie kommt ein der Musik verfallenes Dorfschulmeisterlein dazu, ein Reisebuch über Südamerika herauszubringen? Schuld war wie so oft in der Geschichte eine Frau.
2008 führte die Reiselust meiner damaligen Freundin und jetzigen Frau Maria zu einer sechswöchigen Argentinienreise. Ich verband mit diesem Land nichts außer Rindersteaks und „Evita“ und da ich eine ansehnliche Anzahl überflüssiger Ängste mit mir herumtrage, hätte ich freiwillig niemals ein so „gefährliches“ Land bereist. Aber in unserer Beziehung hat die Frau die Hosen an und da ich ein gehorsamer Mann bin, ging es mit Bauchschmerzen, aber ohne nennenswerte Spanischkenntnisse nach Argentinien. Der Geschmack der Freiheit war jedoch überraschend überwältigend und so beschlossen wir am Ende der Reise, diese lediglich als Vorspann für die noch kommende wirklich große Reise gelten zu lassen.
2010 war mein Referendariat zu einem versöhnlichen Ende gelangt, eine Hochzeit hatte unserer Beziehung einen seriöseren Anstrich gegeben und Maria setzte mittels

Kündigung eine Zäsur in ihrer Facharztausbildung. Es konnte also losgehen. Sechs Monate Ecuador, Peru, Bolivien, Chile und der noch ausstehende Süden Argentiniens. Das Schreiben von Rundmails wurde für mich zu einem Kompositionsersatz: Symmetrie, klangliches Ausbalancieren, Spannungsaufbau, überraschende Wendungen, denselben Kerngedanken noch einmal verziert oder neu harmonisiert auf einer anderen Tonstufe wiederholen und dergleichen mehr. Hermann Hesse hat schon Recht mit seinem „Glasperlenspiel". Die Welt besteht aus einer Vielfalt an Entsprechungen, Beziehungsgeflechten und das Dritte fällt mir auch noch ein.
Nachdem die Leserreaktionen das Maß standardisierter Höflichkeitsfloskeln bei Weitem überschritten hatten, beschloss ich, die Rundmails als Basis für ein noch zu schreibendes Buch zu nutzen. Dieses Buch liegt nun vor euch: ein munteres Bündel aus Rundmails, nachträglich eingefügten Texten und einer diskussionwürdigen Coda. Aber genug gefaselt. Es geht los.

Willkommen in Ecuador!

Ein paar Stunden in Quito und schon … ZACK!

Liebe Leser,

ich muss gestehen, dass der Inhalt dieser Rundmail mit der Betreffzeile nicht das Geringste zu tun hat. Aber es erschien mir sinnvoll, am Anfang die Spannung etwas zu erhöhen. Von der Bildzeitung lernen, heißt Leser gewinnen.
Bevor ich dem Schreiben ein wenig Inhalt beimenge, solltet ihr noch wissen, dass die Buchstaben auf dieser Tastatur praktisch unsichtbar sind, so dass jedem Buchstaben, den ihr lest, circa drei bis sechs Tippversuche vorausgingen. Da seht ihr mal, wie lieb ich euch habe.

Letzten Freitag schlugen wir in Quito auf. Da die Stadt 2850 Meter über dem Meeresspiegel liegt, hatten wir uns schon auf ein bisschen Höhenkrankheit eingestellt, aber wir sind offenbar höhentauglich.[1] Das lässt darauf hoffen, dass wir bei unserer ersten Vulkanbesteigung nicht gleich vom Berg purzeln. Die ersten beiden Tage waren davon geprägt, die sieben Stunden Zeitverschiebung zu verdauen. Verblüffend, wie viele Stunden der Mensch schlafen kann, ohne danach wach zu sein. Wenn wir gerade einmal nicht schliefen, flanierten wir entspannt durch Ecuadors Hauptstadt. Und das, obwohl ich mir im Vorfeld der Reise regelmäßig Zeit genommen hatte, um mich vor den gemeingefährlichen Kriminellen Ecuadors zu fürchten.
Aber vieles war uns von unserem letzten Argentinientrip eben doch vertraut: die impulsive, erfrischend regelfreie

---

1 Wie man sich doch irren kann! Die Anden belehrten uns bald eines Besseren.

Fahrweise, der Kolonialbaustil, die Schuhe putzenden Kinder und so weiter. Man fühlte sich schon fast wie zu Hause. Als wir allerdings in der Dämmerung auf Restaurantsuche waren und uns jemand auf der Straße Kokain andrehen wollte, wurde uns dann doch so eine kleine Prise mulmig. Aber der wollte sicher nur spielen.

Am Sonntag brachen wir zu unserer Sprachschule nach Baños auf. Der Taxifahrer, der uns zum außerhalb gelegenen Bus-Terminal in Quito fahren sollte, konstatierte, das sei viel zu weit und er wisse eine bessere Haltestelle für uns. Nach zwanzig Minuten Taxifahrt zu seiner präferierten Haltstelle stellte sich dann heraus, dass dort zwar Busse eines Busunternehmens AUS Baños fuhren, aber keine Busse NACH Baños. Das ist ein feiner, aber nicht unerheblicher Unterschied. Auf der Rückfahrt zum richtigen Terminal wunderte ich mich ein wenig über die feuchten Augen des *taxista*. So schlimm war das Ganze ja nun auch wieder nicht. Aber als er plötzlich auf offener Strecke hielt und hinter das Taxi strullte (zu viel Tomatensaft) war das Geheimnis gelüftet. Muss wirklich dringend gewesen sein.[2] Am Terminal angekommen, verlangte dieser Prälat verwegener Dreistigkeit dann einen höheren Fahrpreis als ausgemacht, da er schließlich einen Umweg gefahren war. Diese abstruse Logik entbehrte nicht eines gewissen Witzes. Noch witziger ist allerdings, dass wir dämlichen Südamerikafrischlinge den Aufpreis sogar bezahlten.

Baños ist ein gemütlicher, von grünen Bergen und dem aktiven Vulkan Tungurahua umsäumter Touristenort. Viele Wanderwege, viel Wind und etliche Hunde. Wir

---

2 Anmerkung des Autors, ein Jahr später beim Korrekturlesen: Es handelte sich vermutlich nicht um den Saft von Gemüsetomaten, sondern um den Saft der *tomate de arbol*, einer Frucht, die typisch ecuadorianisch und unverschämt lecker ist.

wohnen nun zwei Wochen bei Lorena, der Direktorin der Sprachschule und pauken jeden Tag im Einzelunterricht vier Stunden spanisch. So ungefähr stelle ich mir Arbeiten vor. Wir bekommen sogar Hausaufgaben! Während ich hier Buchstaben auf der Tastatur suche, lernt Maria bestimmt gerade die unregelmäßigen Verben. Dabei ist sie sowieso besser als ich, die Strebernuss.
Am Wasserfall des Ortes lernten wir versehentlich unseren Nachbarn Jorge kennen. Er hat eine geschiedene Frau nebst Kindern in der Schweiz und spricht daher fließend deutsch, sogar mit in der Schweiz omnipräsentem „oderch" am Satzende. Früher war er Urwaldführer, aber zurzeit ist er in erster Linie Alkoholiker und Drogenkonsument. Er schwärmte uns vor, wie man aus Wolfsmilchgewächsen eine Droge zubereiten könne, mit der man vierundzwanzig Stunden „fliegt". Als wir sein Haus und seinen Garten gesehen hatten, wurde uns endgültig klar, dass er schon viel zu viel geflogen war. Eigentlich ein armer Kerl. Allerdings haben wir von Lorena erfahren, dass er im Drogenrausch schon ihre Kinder mit der Machete bedroht hat. Und auch die Geschichte von Jorges gestohlener Gitarre bog Lorena in die Realität zurück. Jorge wurde nicht bestohlen, wie er uns weismachen wollte, sondern hatte selbst versucht, eine Gitarre aus einem Laden zu entwenden. Aufgrund mangelnden Geschicks wurde er jedoch erwischt und bekam danach zwei Wochen lang eine vergitterte Zelle vom Staat gestellt. Wenn man nur mal nicht so wird.
So, jetzt mache ich den literarischen Sack für heute zu. Ich muss nämlich noch spanisch lernen. Das Leben ist schließlich kein Ponyhof.

Liebe Grüße,
Wir

Die Nase des Teufels

Liebe Leser,

ein altes Sprichwort, das ich mir soeben ausgedacht habe, lautet:

Des Lesers allergrößtes Glück
ist ein fremdes Missgeschick.

Der Reim ist ziemlich misslungen und passt somit ganz ausgezeichnet zur folgenden Begebenheit. Ich hoffe, ihr habt mehr Spaß beim Lesen, als wir beim Erleben.

Von Riobamba mitten in den Bergen fährt seit 100 Jahren eine alte Dampflokomotive durch schroffe Felsen, einsame Bergdörfer und zerklüftete Schluchten. Dabei kann man auf dem Dach des Zuges sitzen und die unendliche Weite der Landschaft einatmen und am Horizont den größten Vulkan Ecuadors, den Chimborazo, weiß schimmern sehen. Außerdem reisen viele einheimische Händler mit ihren Waren mit, so dass man auf dem Zugdach die Früchte der Region oder was weiß ich genießen kann. Höhepunkt der Strecke ist die *narriz del diablo*, zu deutsch Nase des Teufels. Auf diesem ungemein abenteuerlichen, steilen und rasanten Stück Schiene von Alausi nach Sibambe macht der Zug einer Achterbahn Konkurrenz. Das muss man erlebt haben! Dachten wir auch und fanden uns Freitagnachmittag am Busbahnhof von Baños ein, um den Bus nach Riobamba zu nehmen.
Die Reise verlief von Anfang an sehr homogen. Der Bus hatte zwei Stunden Verspätung und der Angestellte der Buskompanie schien mir die fleischgewordene Hommage an einen deutschen Bahnbeamten zu sein. Zwei Stunden lang versicherte er uns im Brustton der Überzeugung, dass der Bus in fünf Minuten eintreffe. Wer so einen Glauben hat, kann Berge versetzen. Als sich der Bus während der

Fahrt nach Riobamba in den Kurven der schmalen Bergstraße mehrmals in einen bedenklichen Neigungswinkel begab, fiel mir spontan eine Statistik ein, die besagte, dass Ecuador die höchste Busunfallquote der Welt hat. Zahlen kann gelegentlich etwas sehr Beunruhigendes anhaften.

Samstag stellten wir den Wecker auf 5:15 Uhr, um noch Karten für den legendären Zug zu ergattern. 5:15 Uhr! Meine Herren! Da ist es noch richtig dunkel! Am Schalter offenbarte man uns dann, dass das letzte Stück der Strecke inklusive Teufelsnase wegen Bauarbeiten gesperrt sei. Diese Route ohne die Teufelsnase zu fahren, ist ungefähr so, wie kurz vor dem Höhepunkt aufzustehen und zu sagen: „Schatz, ich geh jetzt Zigaretten holen!“ Nun, was blieb uns anderes übrig? Die nostalgische Dampflokomotive entpuppte sich als moderner kleiner Zug, der sich von einem Bus nur dadurch unterschied, dass er auf Schienen fuhr und deutlich langsamer war. Außerdem war die Fahrt ein reiner Touristenausflug. Ein Touristenführer quasselte in einem völlig un-englischen Englisch über die Region und zweimal hielt der Zug, damit die ganze Gruppe Bilder von einer alten Kirche und echten Einheimischen machen konnte. Außerdem gab es kleine Handarbeiten zu erwerben, die von echten kleinen Eingeborenenhänden gefertigt worden waren. Meine erste Butterfahrt. Ich kann Touristen nicht ausstehen. Dieses ständige Gaffen in fremder Leute Garten und „Oh, ein fremder Busch“ und „Ah, ein Dunkelhäutiger“. Wie im Zoo. Ich muss schweren Herzens akzeptieren, dass ich für ein halbes Jahr auch zu dieser ominösen Gruppe gehöre, aber ich möchte mir wenigstens ab und zu einreden, dass ich hier ein kleiner Abenteurer bin und mich nahtlos in die Ursprünglichkeit der Landschaft einfüge. Und da bekommt man plötzlich ein riesiges Schild umgehängt, wo draufsteht „Pauschaltourist“. Wenigstens wollten wir auf dem Dach sitzen und uns den Fahrtwind um die Nase wehen lassen. Aber der schlimme Winter von 2006 hatte die Strecke ziemlich verwüstet und zwei japanische Touristen waren mittels herabhängender Stromleitungen zu ihren Vätern versammelt worden. Seitdem darf man sich die Landschaft nur noch im Zug hinter einer schönen Plexiglasscheibe angucken. Um die Sache abzurunden, war der Samstag nach einer Woche Sonne der erste regnerische Nebeltag. Der Chimborazo war also hinter einer kompakten Wolkenschicht einbetoniert. Wir versuchten dennoch, uns gegen das Schicksal aufzubäumen. In Alausi angekommen, suchten wir den Schienenstrang nach Sibambe. Auf Schienen kann man schließlich auch laufen. Ein Bauarbeiter meinte, es seien zwei bis drei Stunden bis Sibambe und wir beschlossen, die ersten Touristen zu sein, welche die Nase des Teufels zu Fuß passiert hatten. Kurz darauf kollidierten wir mit einem Polizisten, der uns erklärte, dass er uns aufgrund der Baumaschinen und so weiter nicht durchlassen dürfe. Zu gefährlich. Er erklärte uns aber, es gäbe ein oberhalb Alausis gelegenes Dorf namens Nisa. Von dort könne man über einen Bergpfad wieder auf die Teufelsnase stoßen und zwar an einer Stelle, wo noch keine Baufahrzeuge wüteten. Also zurück nach Alausi und auf der breiten Hauptstraße bergauf Richtung Nisa. Könnt ihr noch folgen? Nachdem wir festgestellt hatten, dass Nisa offenbar wesentlich weiter von Alausi entfernt war als gedacht, die Straße mit den rasenden Autos langsam etwas bedrohlich wurde und ein zäher Nebel nach und nach die Gegend einhüllte, beschlossen wir, dem Tag sein schlüssiges Ende zu gewähren. Zu fortgeschrittener Stunde erreichten wir in Baños wieder unser trautes Heim. Dort hielt uns die Tochter des Hauses gleich noch für Einbrecher, da wir uns erst für Sonntag angekündigt hatten.

Dieses dezent negative Erlebnis soll aber nicht darüber hinwegtäuschen, dass es uns supergut geht. Lorenas Familie hat uns quasi adoptiert und unsere Sprachlehrer sind ebenso witzig wie kompetent. Dass ich immer noch stammle wie ein angeschossenes Eichhörnchen ist, glaube ich, eher meiner Hirnstruktur zuzuschreiben, als meinem Lehrer. Also dann, der *imperfecto* wartet auf mich.

Schüss,
Claudius und Maria

Anekdoten

Liebe Leser,

in ein paar Stunden brechen wir in eine Finca im Nirgendwo auf, wo es außer unseren Sprachlehrern nur Bananenstauden und wilde Tiere gibt. Angeblich gibt es dort auch kaum Touristen und wenn man einen sieht, darf man ihn erlegen. Das wird sicher sehr schön.
So will ich denn meine vorerst letzten Minuten im Internet nutzen, um Wissenswertes in die virtuelle Welt zu blasen. Die legendären Geschichtenerzähler des Orients sind lauwarmer Muckefuck gegen unsere beiden Sprachlehrer und unsere Hausmutter Lorena. Damit nicht alle Geschichten unerzählt in unserem Gedächtnis verebben, werde ich sie euch und der Nachwelt zugänglich machen.

Ein norwegischer Student der Sprachschule übernachtete eines Tages in einem ecuadorianischen Hotel. Weil sich in seinem Bett kein Kopfkissen fand, begab er sich an die Rezeption, um dieses dort einzufordern. Das spanische Wort für Kopfkissen war ihm entfallen, also versuchte er es kurzerhand mit dem norwegischen Pendant. In Norwegen heißt Kopfkissen *pute*. Dieses norwegische Wort ist nun aber leider die phonetische Schwippschwägerin des spanischen Wortes *puta* und das heißt kein bisschen Kopfkissen, sondern Schlampe oder Hure. Davon ahnte der Sprachstudent aber nichts, als er an der Rezeption höflich nach ein bis zwei Schlampen für sein Bett fragte. Die Rezeptionsdame reagierte etwas pikiert und meinte, dies sei ein seriöses Hotel und er könne vielleicht draußen vor dem Hotel fündig werden. Der Student, der die Aufregung nicht verstand, beharrte auf seinen *putas*, da er ohne diese nicht schlafen könne, musste aber nach längerer Diskussion ohne weibliche Begleitung und ohne Kopfkissen wieder abziehen. Armer Sprachverwirrter.

Der Vulkan Tungurahua, zu dessen Füßen Baños liegt, ist zurzeit mäßig aktiv. Wir haben schon ein paar schöne Rauchwolken auf Zelluloid gebannt. 1999 stand er allerdings kurz vor einem Ausbruch und die Stadt wurde für mehrere Monate evakuiert. Das Militär sollte die Stadt in der Zeit vor Plünderungen beschützen. Stattdessen entschieden sich die Militärs, die Stadt selbst auszuplündern. Ein Bekannter Lorenas versteckte sich noch einen Monat in seiner Bäckerei und filmte, wie die Soldaten ganze Häuser ausräumten und das Raubgut in ihre Armeelaster luden. Lorenas Familie hatte gerade Baumaterial für ihre Sprachschule gekauft. Alles weg. Die Aufzeichnungen des tapferen Bäckerleins kamen sogar im Fernsehen, aber der zuständige General behauptete, das seien Plünderer gewesen, die sich als Soldaten verkleidet hätten. Solche fantasievollen Ausreden lassen selbst einen säumigen Achtklässler vor Neid erblassen. Als die Bevölkerung in die Stadt zurückkehrte, war diese fest in Rattenhand. Viele zurückgelassene Hunde waren verhungert und hatten die Basisversorgung der Ratten gesichert. Eine Ratte in Lorenas Haus war nicht zu einem Wohnungswechsel zu überreden und warf dreimal Junge in einem Küchenschrank.

Die *indigenas* in Ecuador haben teilweise sehr rigide Moralvorstellungen. Vor zwanzig bis dreißig Jahren ging ein katholischer Priester gemeinsam mit einer katholischen Nonne in den Urwald, um den Ureinwohnern die Frohe Botschaft zu verkünden. Sie trafen auch bald auf eine Gruppe Eingeborener. Der Häuptling der Ureinwohner fragte die beiden, ob sie miteinander verheiratet seien. Als sie das verneinten, war ihre Missionsreise damit bereits beendet. Sie wurden auf der Stelle umgebracht. Dass ein Mann mit einer Frau durch den Dschungel zieht, ohne dass eine eheliche Bindung besteht, ist für diesen Eingeborenenstamm ein Sakrileg. Und ich dachte, die Katholiken wären dogmatisch. Gut, dass wir vor der Reise noch schnell geheiratet haben.

Lorena erzählte uns von einem befreundeten Guide, der mit zwei Touristen in einem Eingeborenendorf nächtigte. Des Nachts standen auf einmal drei Ureinwohnerinnen im Evakostüm vor der Hütte. Und da standen sie und standen bis der Morgen graute. Zum Glück wusste der Guide, dass diese offensive Zurschaustellung weiblicher Reize keine Einladung zu einer Gruppenorgie war, sondern ein gezielte Provokation. Wenn die Touristen ihren männlichen Urtrieben gefolgt wären, wäre das ihre letzte Balz gewesen. Am nächsten Morgen waren sie von der Gruppe akzeptiert und durften mit ihnen essen. Einer hatte eine Affenhand in seiner Suppe und der andere einen Affenkopf. Aber sie mussten essen, denn alles andere wäre schon wieder ein Sakrileg gewesen und die Folgen kann man sich ja an einer abgehackten Hand abzählen.

Der Raubbau, der in Ecuador an der Natur betrieben wird, ist bedrückend. Mithilfe ausländischer Ölkonzerne wie Shell oder Texaco wird der Urwald mit seinen ungezählten und teilweise noch unentdeckten endemischen Tierarten Schritt für Schritt zu ölverseuchtem Niemandsland pulverisiert. Ölschlamm, der zur Weiterverarbeitung nicht taugt, wird in offene Teiche geleitet, von wo aus das Öl direkt ins Grundwasser gelangt. Einen Höhepunkt erreichte der ökologische Irrsinn in den 80er Jahren, als Mitarbeiter des Konzerns Texaco die Staubentwicklung in einem Dorf bekämpften, indem sie Öl auf die Straßen leiteten. Diese ________________ (hier persönliches Lieblingsschimpfwort einsetzen)!
Letztes Jahr kamen Regierungsbeamte in die Finca von Lorenas Mutter, machten alle Bananenstauden dem Erdboden gleich und suchten nach Öl. Bisher blieb ihre

Suche erfolglos, aber sollten sie je fündig werden, muss Lorenas Mutter ihr Haus samt Grund und Boden für einen lächerlichen Betrag an die Regierung verkaufen. Offiziell nennt sich dieser Haufen Scheiße Demokratie. Ein regierungskritischer Fernsehsender wird im August übrigens auf Befehl des Präsidenten abgeschaltet.

Ja ja, ich weiß, die Mail fing so heiter an, aber es gibt hier eben auch Sachen, wo einem das Grinsen wegbröselt. So, ich gehe jetzt mal die Welt retten.

Mit sozialistischem Gruße,
euer Che

„Wahrheit, was ist das?“

Liebe Leser,

ich muss diese Rundmail mit einem kleinen Gang nach Canossa beginnen. Die aufmerksamen Leser erinnern sich vielleicht, dass ich in meiner letzten Rundmail die ecuadorianische Regierung mit einem Haufen menschlicher Ausscheidungen verglichen habe. Mmh, ich bin eigentlich lange genug mit mir zusammen, um zu wissen, dass ich zu vorschnellen Urteilen neige. Außerdem ist mir hinlänglich bekannt, dass ich mich im postpubertären Überschwang der Gefühle gerne ungebremst und blumenreich über das Böse in der Welt echauffiere. Aus diesem Grund rede ich auch so gern über Hitler, Stalin und Mao Zedong. Weil man die so schön hassen kann, ohne dass man Gefahr läuft, ihnen unrecht zu tun. Nun dachte ich nach Lorenas Äußerungen über den Präsidenten Correa, wieder einen neuen Bösewicht gefunden zu haben, auf dem man verbal schön herumspringen kann. Aber alles ist viel verzwickter. Wir waren jetzt nach zwei Wochen bei Lorena eine Woche auf der Finca ihres Bruders Juan Carlos. Politisch gesehen ist das ungefähr so, als wenn man erst bei Edmund Stoiber und danach bei Gregor Gysi wohnt. Ich habe in der letzten Rundmail geschrieben, dass der Präsident einen regierungskritischen Fernsehkanal abschalten lässt. Das stimmt, entspricht aber noch nicht der ganzen Janusköpfigkeit des Sachverhalts. Die Leitung des Kanals liegt in den Händen einiger Bankiers, denen der Präsident durch strenge Auflagen die monetäre Suppe versalzen hat. Die Sympathie dieser Gruppe für den Präsidenten ist also denkbar mikroskopisch. Daher wird der Präsident in den Nachrichten des Kanals zum Sündenbock für reale aber auch völlig aus der Luft gegriffene Missstände des Landes gemacht. Bisher waren Nachrichtensendungen in Ecuador nämlich nicht gesetzlich verpflichtet, den Wahrheitsgehalt ihrer Aussagen zu belegen. Außerdem wechselt der Sender seine Perspektive konsequent so, dass Correa größtmöglichen Schaden davon trägt. Als in Quito ein Kind von einem Kampfhund getötet wurde, empörte sich der Kanal, wie eine Regierung so etwas zulassen könne. Als Correa später die Haltung von Kampfhunden drastisch einschränkte, schrien sie nach der Freiheit der Bürgerrechte. Das macht die Abschaltung des Senders immer noch fragwürdig, lässt die Sache aber in einem ganz anderen Licht erscheinen. Die Wahrheit ist irgendwo da draußen und ich bin von Objektivität immer noch so weit entfernt, wie die Deutsche Nationalmannschaft von einem Sieg gegen Spanien.

Schüss,
der Allzumenschliche

Die Gelbe Periode/ Die Bananen-Episode

Liebe Leser,

auf einem ecuadorianischen Bauernhof inmitten einer Bananenplantage spanisch zu lernen, ist eine eigentümliche Erfahrung. Das erste Mal im Leben soweit das Auge reicht von riesigen Bananenstauden umgeben zu sein, ist aufregend, aber diese Aufregung legt sich schnell. Besonders wenn man realisiert, dass Bananenplantage nicht Wildnis bedeutet, sondern kultivierte Nutzfläche. Vom ursprünglich hier gedeihenden Dschungel steht nur noch ein wenige Quadratkilometer großes „Freilichtmuseum", indem es noch Affen, Agutis, Gürteltiere und angeblich sogar Ozelots gibt.
Das Haus in dem wir leben, würde in Deutschland allenfalls als Hütte durchgehen. Um Schlangenkontakte im Haus zu minimieren, wurde es auf Stelzen gebaut und durch die fehlenden Fenster und Türen ist drinnen gleichzeitig auch draußen. Die Küche hat gleich nur zwei Wände, so dass sich hier Gottesanbeterinnen, Schmetterlinge, Fledermäuse und Kakerlaken regelmäßig ein Stelldichein geben. Mir klingt noch das Knacken des Chitinpanzers in den Ohren, wenn ein Schuh das Leben einer unvorsichtigen Kakerlake vor der Zeit beendete. Aufgrund der nicht-existenten Türen und der aus Bambus und Dschungelpalme gefertigten, hellhörigen Wände ist Privatsphäre hier ein rares Gut. Der große Kinderreichtum belegt allerdings, dass man sich von den vielen schon gezeugten Kindern nicht dabei stören lässt, weitere zu zeugen.
Die Dusche des Hauses, die aus einem großen Wasserfass und einem kleinen Eimer besteht, ist exemplarisch für die Schlichtheit, mit der hier gelebt wird. Es beruhigt das

westliche Gewissen zu sehen, dass Menschen auch ohne Einbauküche, neues Auto und volle Supermärkte glücklich sein können. Man schämt sich etwas weniger für seinen Wohlstand, wenn der arme Weltennachbar zufrieden lächelnd vor seiner Hütte sitzt, ohne dass sein Gesicht von berechtigtem Neid zur Fratze verzerrt wird. Im Gegenteil, es scheint mir, dass die hiesigen Menschen, die ohne nennenswerte Besitztümer und ohne das Sicherheitsnetz verlässlicher medizinischer Versorgung auf dem schmalen Grat des heutigen Tages wandeln, mehr Glück und Gelassenheit ausstrahlen als der Durchschnittsdeutsche, der im Wohlstand schwimmend persönlichen Stress und wirtschaftliche Unzufriedenheit für würdige Insignien seines Strebens nach Glück hält.[3] Auch wenn ich das gerade schön schwarz-weiß ausmale, bin ich jetzt natürlich trotzdem nicht so naiv, Rousseaus „Zurück zur Natur“ zu predigen. Materielle Armut ist kein Garant für Zufriedenheit und wir können unsere soziale und gesellschaftliche Prägung auch nicht einfach wegradieren. Vermutlich würde ich nach Jahren ohne Klavier, CDs und Bücher an kultureller Entwurzelung eingehen und vertrocknen. Von Maria ganz zu schweigen, der hier mit siebzehn eine Schwangerschaft und danach ein Leben als Hausfrau und Mutter blühen würde. Aber ein ecuadorianischer Spiegel ist dennoch sehr hilfreich, um ein dankbares Lächeln zu üben.
In spanischsprachigen Ländern schläft man sprichwörtlich wie ein Baumstamm. Schön wär's! In den Nebenzimmern schnarchen und röcheln unsere Sprachlehrer und unter dem Haus krakeelt sich ein völlig psychotischer Hahn regelmäßig um Mitternacht und zwei Uhr morgens seine Stimmbänder blutig. Angeblich geht dieser Mistvogel nur

---

[3] Ein solcher Satz eignet sich hervorragend, um die Funktionsfähigkeit des eigenen Kurzzeitgedächtnisses zu überprüfen.

dann zum Krähen unters Haus, wenn gerade Sprachschüler zu Besuch sind. Ausländerfeindlich also! Ich hatte Träume, in denen dieser Vogel und ein Kochtopf eine wichtige Rolle spielten. Marias Schlaf wird zudem durch den Juckreiz von circa zweihundert Stichen flach gehalten, die ihr trotz Mückenspray von den ortsansässigen Stechfliegen beigebracht wurden. Einreibungen mit Limonensaft lindern zwar das Kratzbedürfnis etwas, aber sommerliche Kleidung bleibt Maria trotz drückend schwüler Hitze bis auf Weiteres verwehrt.

An dieser Stelle mal ein erzählerischer Knick Richtung Musik. Oh, da ist mir gerade ganz beiläufig ein Binnenreim in den Satz gerutscht. Mein Rollkeyboard wiegt circa ein Kilo, hat einen hundsmiserablen Anschlag und ist mit Abstand das grottigste Instrument, auf dem ich jemals gespielt habe. Aber aus nahe liegenden Gründen ist es mir in den letzten Wochen auch sehr ans Herz gewachsen. Ich hab schließlich nichts anderes. Marias Lehrer Marcelo ist zu meinem großen Glück aktiver Musiker und so habe ich die letzten Abende damit zugebracht, traditionelle ecuadorianische Weisen von ihm zu lernen. Mein gesungenes Spanisch trägt vermutlich immer noch stark dadaistische Züge, wurde aber wohlwollend geduldet. Trotz bescheidener musikalischer Praxis gilt mir Shakespeares „Ein Königreich für ein Pferd" hier auch fürs Klavier und ich spüre jetzt schon, dass die größten Mangelerscheinungen der Reise auf Tastenentzug beruhen werden.

Tschüss,
Ich und sie

Die Mail, die nicht zustande kam

VERFL...TE SCH...SSE!!! Der Computer hat soeben etwa dreißig Zeilen ins Nirvana geschickt. Wenn ich wüsste, wo das ist, würde ich sie von dort im Orpheusstil zurückholen.

Es war eine wirklich schöne Geschichte über unsere Walbeobachtung, tapsige Blaufußtölpel, Pelikane, Meereswellen, die Angst des kleinen Claudius mit dem Boot unterzugehen und vieles mehr. Ich hatte mir wirklich Mühe gegeben. Einige Formulierungen haben mich persönlich sehr angesprochen. Nun ist alles weg. Lasst uns gemeinsam einen Moment über die Vergänglichkeit allen Seins nachdenken.
Das war's. Ich kann nicht mehr. Ich gehe jetzt weinen.

Der junge Mann und das Meer

Liebe Leser,

nach drei Wochen Spanischkurs, hatte sich das *castillano* so fest in unsere Großhirnrinde eingegraben, dass wir den Eindruck hatten, unsere Englischkenntnisse wurden spanisch überlagert beziehungsweise fälschlich als antiquiertes Wissen deklariert und von der Festplatte gelöscht. Bezeichnend für dieses Phänomen war ein Gespräch mit einer holländischen Touristin, die wie wir einen Sprachkurs absolviert hatte und ebenfalls sprachgestört war. Die versuchte englische Unterhaltung versumpfte beiderseits in einem spanglischen Sprachbrei. Wir bildeten Sätze wie „I'd like to stay aqui, pero I don't know si tu lo quieres tambien". Nach ein paar gestotterten Minuten entschieden wir uns, ganz auf spanisch umzuschwenken. Zum Glück zeigte sich inzwischen, dass bei konsequentem Gebrauch der englischen Sprache die hinter einer spanischen Milchglasscheibe versteckten Vokabeln wieder zum Vorschein kommen. *Gracias a dios.*

In Puerto Lopez an Ecuadors Südküste stand eine Walbeobachtung ins Haus. Kombiniert wird so eine Walbootsfahrt meist mit einem Besuch der Isla de la Plata. Auf dieser Insel findet sich eine den Galapagosinseln vergleichbare Fauna, bei allerdings deutlich niedrigerem Preisniveau. Ein Tourenanbieter mit freien Plätzen war schnell gefunden. Allerdings war gerade einer der Bootsmotoren ausgefallen, so dass wir uns noch eine Stunde die Beine vertreten mussten. Treffpunkt sollte danach wieder das Büro des Tourenanbieters sein. Pfiffige Zweibeiner, die wir sind, spazierten wir aus dem Büro, ohne auch nur einen Gedanken an den Namen der Organisation oder die genaue Lage des Büros zu verschwenden. Nun muss man wissen, dass sich die gesamte Promenade von Puerto Lopez ausschließlich aus Restaurants und Tourenanbietern zusammensetzt. Die viel besungene und selten gefundene Stecknadel im Heuhaufen also. Nach Ablauf der Flanierstunde stolperten wir recht ratlos die von Tourenbüros überflutete Straße entlang und staunten über unsere rudimentäre Intelligenz. Bezahlt hatten wir nämlich schon. Endlich meinten wir fündig geworden zu sein. Seltsamerweise wusste allerdings niemand in dem Büro etwas von einem defekten Bootsmotor und auch sonst war kein anderes Mitglied unserer Gruppe zu sehen. Ups! Zufällig entdeckten wir am Strand eine Gruppe Touristen, die dem Hafen entgegenstrebte. Die Gesichter schienen uns vage vertraut und so rannten wir aufs Geratewohl hinterher. Nochmal Glück gehabt! Nun erwartete uns das schäumende Meer.

Seit ich mit Maria auf Kreta ein eindrückliches Erlebnis mit Meeresströmungen hatte, fürchte ich Poseidon ebenso wie seinen römischen Amtskollegen Neptun und opfere ihnen jeden Morgen ein Fischbrötchen. Damals hatten wir eine rote Fahne übersehen und uns leichtfertig in die offene See gestürzt. Wir dümpelten entspannt in den Wellen bis wir versuchten, wieder zurück zum Strand zu schwimmen. Nun machten wir nämlich die Erfahrung, dass ein hoher physischer Kraftaufwand nicht zwingend zu einem sichtbaren Ergebnis führen muss. Das Ufer kam uns keinen müden Meter entgegen. Die Wellen schwappten uns über die Köpfe, wir schluckten Wasser und es war gut, in diesem Moment nicht zu wissen, dass im vorherigen Jahr an selbigem Strand ein junger Mann ertrunken war. Glücklicherweise erinnerte ich mich daran, dass man in so einem Fall parallel zur Küste schwimmen soll, bis man der gefährlichen Strömung entschwommen ist. Andernfalls würde ich jetzt nicht hier sitzen und frohgemut mit Zweifingersuchsystem Erinnerungen in die Tastatur hacken. Diese Geschichte mag nicht hierher gehören, aber ich bin auf der Suche nach einer

Rechtfertigung dafür, dass ich mich auf der Bootsfahrt zur Isla de la Plata wie ein schwindsüchtiger Hamster in einer Raucherkneipe gebärdete. Objektiv waren die Wellen vermutlich nicht einmal sonderlich groß. Manche Touristen schliefen sogar, während unser kleines Motorboot durch die Wellen pflügte. Anderen wurde wenigstens schlecht. Aber ich fürchte, der einzige, der immer wieder sein Leben im Zeitraffer an sich vorüberziehen sah und dem Jesu Worte „Vater, in deine Hände befehle ich meinen Geist" als persönliches prämortales Requiem erlebbar wurden, war ich. Szenen des Petersen-Films „Der Sturm" verfingen sich in meiner Fantasie und ich spähte immer wieder nach einem anderen Boot aus, das uns retten könnte, im Falle eines Falles. Selbst als dann die Wale um uns sprangen und ihre mächtigen Körper auf die wogende See klatschen ließen, löste sich meine innere Anspannung nur unvollständig. Erst als wir wieder Festlandsersatz in Form der Isla de la Plata unter den Füßen hatten, zirkulierten die Seelenatome wieder frei durch mein phobisches Ich. Die Vogelwelt auf der Insel war atemberaubend. Der männliche Fregattvogel mit seinem blasebalgartigen roten Brustkorb beeindruckte ebenso, wie die skurrilen Blaufußtölpel mit ihren riesigen blauen Latschen. Der Blaufußtölpel scheint mir ein wirklich gelungener Scherz Gottes zu sein. Vermutlich muss der Dreieinige immer noch schmunzeln, wenn er ihn aus seiner göttlichen Vogelperspektive tapsig umher watscheln sieht. Die eigenen Witze sind eben doch die besten. Die Tölpel sind Bodenbrüter und das Bewachen der Eier erfolgt nach einem fairen Schichtsystem, in dem sich Männchen und Weibchen abwechseln. Damit im Ernstfall nichts schief geht, proben die Tölpelpärchen dieses Beaufsichtigungskonzept, bevor der tatsächliche Nachwuchs eintrifft. Man sieht also überall auf der Insel Tölpel Eier bewachen, die es noch gar nicht gibt. Ein sehr zukunftsorientierter Vogel.

Die Rückfahrt zum Festland war mir als Reprise der Hinfahrt alles andere als willkommen. Manche Touristen schliefen sogar, während unser kleines Motorboot durch die Wellen pflügte. Anderen wurde wenigstens schlecht. Aber ich fürchte, der einzige, der immer wieder sein Leben im Zeitraffer an sich vorüberziehen sah und dem Jesu Worte „Vater, in deine Hände befehle ich meinen Geist" als persönliches prämortales Requiem erlebbar wurden, war ich. Szenen des Petersen-Films „Der Sturm" verfingen sich in meiner Fantasie und ich spähte immer wieder nach einem anderen Boot aus, das uns retten könnte, im Falle eines Falles. Ich hatte ein Déjà-vu.

So, dann bis zum nächsten Mal,
euer Käpt'n Ahab

„Legion heiße ich; denn wir sind viele!“

Liebe Leser,

Ecuador setzt sich aus drei vertikalen Landschaftszonen zusammen: der Küstenregion im Westen, dem Hochgebirge und dem Regenwald des Amazonasgebiets im Osten. Die natürliche Vegetation von Küste und Hochgebirge ist bereits nahezu vollständig verschwunden. An der Küste wichen riesige Mangrovenwälder, ehemals natürliche Kinderstube für fischige Vielfalt, künstlich angelegten Shrimpsfarmen, die kurzfristig hohe Gewinne versprachen, aber langfristig ein ökologisches Desaster darstellen. Im Hinterland der Küstenregion herrscht die Bananenstaude unangefochten über Landschaftsbild und Geschmacksknospen. An die von Ölkonzernen und der Holzindustrie bedrohten Urwaldgebiete des Amazonas möchte man bei der Aufzählung gar nicht erst denken. Und die idyllischen Flecken Erde, die noch übrig sind, teilt man sich meist mit anderen Touristen und Souvenirverkäufern.

Lasst es mich behutsam formulieren: WIR SIND ZU VIELE! Diese Menschenmassen, das hält keine Erde im Kopf aus. Schätzungsweise 26000 Tier- und Pflanzenarten sterben jährlich aus, weil die Made Mensch immer weiter frisst. Ein weiser Mann hat mal gesagt: „Die Natur findet in der Menschheit kaum einen Anwalt, aber stets einen Henker.“ Und jedes Jahr werden wir mehr. Manche Eltern in spe sind unschlüssig, ob sie ihrem Kind ein Leben auf dieser Erde zumuten können. Die Frage sollte eher lauten, ob man der Erde das Kind zumuten kann? Perverserweise existiert die Erde vermutlich nur noch, da der Mensch immer wieder durch die Jahrtausende atmende Tradition der Kriege, Seuchen und Hungersnöte dezimiert wurde. Ich halte es durchaus für wünschenswert, diese Phänomene mit allen Mitteln zu bekämpfen, aber hier kollidiert gewissermaßen die menschliche Ethik mit dem Umweltschutz. Und was für Handlungskonsequenzen leiten wir jetzt aus meinem Sendschreiben ab? Keine, denn wer möchte schon auf ein eigenes Kind verzichten, nur damit ein Hektar Regenwald und drei Ozelots und sieben Jaguare länger leben können? Und wer möchte schon freiwillig eher ableben, um die Erde zu entlasten? Schwierig, schwierig. Selbst ich habe bisher keine Lösung gefunden.

Unsere vierte Reisewoche war davon geprägt, die Küste aufwärts Richtung ecuadorianisch-kolumbianischer Grenze zu durchqueren. In einem der unzähligen Busse bekam ich zufällig mit, dass unsere Fahrstrecke pro Person anderthalb Dollar kostete. Nachdem mir der nette Onkel im Bus dann trotzdem zwei Dollar pro Person abgeknöpft hatte, versicherte ich mich noch einmal bei anderen Fahrgästen des Realpreises und marschierte dem Schlingel hinterdrein. Auf meine Frage nach der Ursache für meinen persönlichen Aufschlag antwortete der routinierte Schröpfer reicher Gringos frech, das hätten alle anderen auch bezahlt. Dies konnte ich allerdings in brillant gestammeltem Spanisch widerlegen und schließlich schob er mir das Diebesgut wieder zu. Man muss nur wollen, um zu können!

Die Nordküste Ecuadors beherbergt nicht nur die letzten Mangrovenwälder und einige Urwaldgebiete, sondern gewährt dem Reisenden auch die Möglichkeit, sich im Herzen Afrikas zu wähnen. Die verschleppten afrikanischen Sklaven wurden nämlich ausschließlich hier angesiedelt. In Borbon, einem schwarzen Örtchen am Mangrovenfluss, bestiegen wir ein motorisiertes Kanu, um das flussaufwärts im Urwald versteckte Dorf San Miguel zu erreichen. Dreißig schwarze Familien, etliche Hühner, ein Fußballplatz und ein „Hotel", das wir lediglich mit einer Fledermauskolonie teilen mussten. Damit wäre die Szenerie grob skizziert. Der ehrenamtliche Bürgermeister nennt sich ganz bescheiden „El Presidente". Er hat mit seiner Frau ein überschüssiges Baby seines Schwagers adoptiert, da sie selbst keine Kinder bekommen können. Skurrile Idee, wie ich finde. Ich hab drei Babys, du hast keins, komm setz dich und wir teilen. Das ist gelebter Sozialismus. Auf einem Urwaldtrip mit El Presidente stieg ich zweimal über eine stattliche Giftschlange, ohne sie zu bemerken. Erst als El Presidente hinter mir plötzlich erschrocken rückwärts hopste, wurde uns klar, dass da nicht nur Laub zu unseren Füßen moderte. Leider ergriff sie so schnell die Flucht, dass ich nicht einmal mehr die Schwanzspitze erspähte. Maria allerdings auch nicht. Das tröstet ein bisschen. Dafür stießen wir in einem Urwaldbach auf eine circa zweieinhalb Meter lange Boa. Mächtig, prächtig. Wir hätten sie locker anfassen können, aber auch in uns glimmt ein Funken Restverstand. So eine Boa ist zwar nicht giftig, aber sie hat dennoch einen sehr strammen Unterkiefer.

In San Miguel liefert ein Generator abends von sieben bis neun Uhr Licht und Strom. Danach ist Zapfenstreich und man kann in der Hängematte liegend beobachten, wie sich Mücken und Motten todesmutig in die Kerze stürzen, um ihre eigene Beerdigung auszuleuchten. Während Maria in Borbon aufgrund der Dorfdisco bis vier Uhr kein Auge zutat, schlief ich dafür in San Miguel anfangs hundsmiserabel. Die Fledermäuse keiften an der Zimmerdecke, neben dem Bett fraßen die Mäuse unser Toastbrot und ich kann im Stockfinstern nicht schlafen. Jedes Mal, wenn ich in völliger Schwärze aufwache, weiß ich erstmal nicht, wo oben und unten ist. Maria behauptet, ich hätte einmal nachts geschrien: „Hilfe, Hilfe, ich kann nichts sehen!" Ja ja, der Taubert. Ein echter Naturbursche. Aber in die weite Welt reisen. Das sind mir die Richtigen.

Übrigens habe ich mir durch ein Minikonzert für die Dorfgemeinschaft ein leckeres Pils verdient. Besonders mein freies Spanisch bei den ecuadorianischen Liedern kam sehr gut an und half, von meinen eher mäßigen Gitarrenspielkünsten abzulenken. Wie heißt es so schön: Mängel sind Chancen.
Inzwischen ist schon wieder viel passiert: einige Giftschlangenkontakte, ein tauber Guide, Belgier, die tatsächlich glauben, ihr Bier sei besser als unseres ... Aber ich will euch nicht langweilen.

Tschüss,
Claudius nebst Anhang

Así es la vida

Liebe Leser,

ich spitze nun meine virtuelle Feder, um euch einige kleine literarische Tuschezeichnungen über den Alltag im Norden Ecuadors zukommen zu lassen. Dieser afro-ecuadorianische Teil des Landes war für mich der schönste und exotischste Teil der Erde, in den es uns bisher verschlagen hat. Das bereits erwähnte Borbon war nicht viel mehr als eine schwüle, schwitzende Schlammwüstenei aus wackeligen Hütten, Fischgestank, Holzbooten, Matsch und Domino spielenden Männern. Der Vorhang der westlichen Welt hatte sich hinter uns geschlossen und wir waren in etwas Fremdes, Stinkendes und Buntes eingetaucht. Wir erfuhren im Nachhinein, dass viele Touristen vor dieser Stadt gewarnt worden waren. Da wir nichts von den angeblichen Überfällen und Vergewaltigungen Borbons wussten, fühlten wir uns in diesem fast touristenfreien Gebiet ausgesprochen wohl und sicher. Gleich nach unserer abendlichen Ankunft nahm uns eine Einheimische unter ihre Fittiche und führte uns zur nächsten heruntergekommenen Herberge. Nachdem diese sich als voll herausstellt hatte, überließ sie uns ihrem Vater, der mit uns durch die dunklen Gassen stapfte, bis wir unter Dach und Fach waren. So was von nett, diese gemeingefährlichen Ecuadorianer.
Die Menschen hier leben unbeschwert von materiellem Besitz. Armut ist kein Stigma sondern Norm. Plastestühle, ein paar Töpfe und Teller, Betten mit Moskitonetz und natürlich eine Hängematte, mit mehr Wohlstand sind hier nur wenige belastet. Privat- und Arbeitsleben sind oft nahtlos miteinander verzahnt. Paradebeispiel dafür sind die familienbetriebenen Restaurants, in denen man für ein bis zwei Dollar ein *almuerzo* bekommt. Der Essensraum ist

meist die „Wohnstube“ der Betreiber und in einer Zimmerecke findet sich oft primitives Kinderspielzeug oder ein Kinderbett. Gelegentlich blickt man durch die offene Küche auf das familiäre Matratzenlager und man benutzt als zahlender Gast die private Toilette der Familie, wobei Toilette ein Sammelbegriff für fragwürdige sanitäre Konstruktionen ist. Die Sprösslinge müssen frühzeitig mitarbeiten und so ist es keine Seltenheit, dass man das Essen von einer Zwölfjährigen serviert bekommt. Das klingt alles sehr ärmlich und trostlos. Aber die Gesichter der Menschen sprechen eine andere Sprache. Mir liegen keine Zahlen vor, aber die Selbstmordrate dürfte in Deutschland deutlich höher liegen.

Das Nahrungsangebot ist hier im Norden ein Synonym für Monotonie. Morgens, mittags, abends: Reis mit Hühnchen, Reis mit Fisch, Reis mit Fisch, Reis mit Hühnchen, Reis mit Fisch. Reis mit Reis. Wiederhole ich mich? Wiederhole ich mich? Und als Vorsuppe meistens eine Brühe mit einem Fetzen Rind. Zufällig wohnten wir der hygienefreien Fleischverarbeitung dieses rindigen Suppenanteils bei. Wir beobachteten, wie abends zwei Rinder auf einer halboffenen Steinplattform über dem Fluss getötet wurden. Die ganze dschungelschwüle Nacht lagen diese toten Tiere auf der Plattform, während ihr Blut in den Fluss rann, um sich dort mit dem Chlor der Waschfrauen zu vermengen. Erst am nächsten Morgen wurden die Kühe mit Äxten zerteilt und auf rostigen Dreirädern mit offener Ladefläche über die staubigen oder schlammigen Straßen gekarrt. Schließlich sah man Straßenhändler diese Rinderstücke und Kuhschädel an ihren kleinen Ständen anpreisen, ungekühlt und von Fliegenmyriaden befruchtet. Erstaunlich, dass einem so ein Stück Rindfleisch während des Essens nicht vom Teller spaziert.

Hinsichtlich ihres Umweltbewusstseins muss man den Ecuadorianern völlige Bewusstlosigkeit diagnostizieren. Wie wir es schon aus Argentinien kannten, wird jede

Kleinigkeit in Plastiktüten verkauft, die danach dem Wind oder dem Fluss anvertraut werden. Besonders augenfällig wird das fragwürdige Verhältnis zum Müll in den Bussen. Hier steigen ständig Straßenverkäufer zu, deren Angebot von Bananenchips, Eis, Saft in Plastetüten, gegrillten Hähnchenkeulen und Kämmen bis hin zu Wundermitteln reicht, die gleichzeitig Hautkrebs und Impotenz bekämpfen und nebenbei den Haarwuchs fördern. Die Ecuadorianer kaufen in den Bussen gern und viel und die leeren Flaschen, Verpackungen und Essensreste fliegen anschließend in hohem Bogen aus dem Busfenster. Ich habe in viele Gesichter gesehen: schlechtes Gewissen? Fehlanzeige! Im Rinnstein der Straßen wächst eine widerwärtige Form des Unkrauts. Das ursprüngliche Bild der Frauen, die im Fluss Wäsche waschen, verliert an idyllischer Ländlichkeit, wenn man sich die Augen reibt und feststellt, mit was da gewaschen wird. Überall in den kleinen Kramläden gibt es Chlorwasser zu kaufen, das die Wäsche bleicht und den Fluss vergiftet. Genau den Fluss, der die Nahrungsgrundlage der Menschen bildet. Selbst der Nationalparkwächter, den wir dickbäuchig in seiner Hängematte schaukelnd antrafen, behauptete, das Chlor sei nicht schädlich. Dieser Mann ist für die Umwelterziehung der umliegenden Dörfer zuständig. Muss ich mehr sagen? Andererseits muss man sich fragen, ob unsere Wohlstandsgesellschaft nicht viel verheerender wütet. Unsere Müllberge werden fein säuberlich in Säcke verpackt, von der Müllabfuhr abtransportiert, um dann ...? Wer weiß eigentlich, was mit unserem Müll passiert? Wir halten es immer noch mit dem Zweijährigen, der sich die Augen zuhält, um sich verschwinden zu lassen.

Ein enormstes Vergnügen waren die Fahrten auf dem Busdach. In diesem Fall handelte es sich eher um kleine Laster, die wie Safari-Jeeps an den Seiten offen waren und auf dem Dach ein niedriges Geländer aufgepflanzt hatten. Ein kleiner schwarzer Bube kletterte als Fahrgeldkassierer

während der Fahrt an und auf dem Laster herum und hatte bei dieser gewagten Kletterpartie auf seinem rollenden Abenteuerspielplatz sichtliches Vergnügen. Wir saßen auf dem Dach eingekeilt zwischen Einheimischen, Bananenstauden, Fahrrädern, Autoreifen und Rucksäcken. Den Gedanken an eine Vollbremsung oder einen Unfall sollte man schleunigst verdrängen. Besonders die Herrschaften, die es sich auf dem Führerhaus bequem gemacht hatten, hätten dann eine ziemlich steile Flugbahn vor sich gehabt. Einem Schwarzen, mit dem wir auf dem Dach etwas geplaudert hatten, boten wir einige unserer Karamellbonbons an. Ein Luxusartikel im Norden Ecuadors, wo 25 Cent Trinkgeld als großzügige Gabe gefeiert werden. Der Schwarze nahm die Bonbons und verteilte sie zu gleichen Teilen an alle, mit denen wir das Dach teilten. Beschämend.
So, das war's mal wieder.

Schüss und bis bald,
Claudius

Der Leidensweg des Claudius Max Taubert

Liebe Leser,

zurück in den Anden hatten wir uns vorgenommen, fernab der Pauschaltouristenpfade eine fünf- bis sechstägige Wanderung um den zweitgrößten Vulkan Ecuadors, den Cotopaxi, zu unternehmen. Das Ganze war generalstabsmäßig durchgeplant. Wir hatten ein Ultraleichtzelt, einen Benzinkocher, Schlafsäcke, mit denen man auch bei -33°C noch schwach zuckt und komplette Regenmonturen. Zur Orientierung besaßen wir Billigkompässe, altersschwache Karten des ecuadorianischen Militärs und einen Trekkingführer, der in einem so sperrigen Englisch geschrieben war, dass wir auch im Nachhinein nicht jeden Satz zweifelsfrei verstanden haben. Als passionierter Unheilsprophet hatte ich mir vorher schon diverse Schreckensszenarien ausgemalt. Ich war mir sicher, dass wir uns verlaufen würden, da sich die Hälfte des Weges unter dem Wörtchen querfeldein subsumieren ließ und mein innerer Kompass mit einer willkürlich rotierenden Nadel ausgestattet ist. Außerdem ahnte ich nächtliche Überfälle auf unser Zelt und einen gebrochenen Fuß in unwegsamem Gelände voraus. Aber das Leben übertrifft die eigene Fantasie an Originalität bei Weitem.

Wir machten bei der Vorbereitung zwei entscheidende Fehler:

1. Wir kauften so großzügig Essen ein, dass es statt für fünf bis sechs Tage auch für acht bis neun gereicht hätte. Und da ich der offizielle Mann in unserer Beziehung bin, durfte ich natürlich ein bisschen mehr von diesem kulinarischen Überfluss transportieren.

2. Wir wussten, dass man sich bei Hochgebirgstouren drei Tage in Quito akklimatisieren sollte, um sich so gegen die Höhenkrankheit zu wappnen. Da unsere Tour jedoch höchstens auf 4200 Höhenmetern verlaufen sollte, hielten wir diese Maßnahme für überflüssig. Ein effektvoller Fehler, wie sich bald zeigte.

Tag 1

Unser Einstiegstag war mein persönlicher aus Schweiß und Atemnot gebackener Albtraum. Es war klar, dass 1000 Höhenmeter mit voll gepackten Kraxen kein Spaziergang sein würden. Aber so habe ich mich in meinem ganzen Leben noch nicht gefühlt. Meine Lungen schienen auf Zigarettenschachtelgröße geschrumpft zu sein und man hatte mir das Herz eines alten Mannes transplantiert. Ich keuchte und stöhnte wie eine ausrangierte Lokomotive und meine Schritte maßen kaum eine Fußbreite. Mehrmals glaubte ich, gleich ohnmächtig zu werden. Manchmal habe ich es mir fast gewünscht. Erschwerend hinzu kam, dass Maria die Höhe kein bisschen zu schaffen machte und sie vor mir gemsengleich aufwärts eilte. In der Regel habe auch ich männlichen Stolz, aber mein Körper gehorchte mir nur noch sporadisch. Das Einzige, was ich noch hatte, war der Wille, eine mehrtägige Wanderung nicht nach ein paar Stunden abzubrechen, aber damit erschöpften sich meine Ressourcen. Irgendwie erreichten wir auf 4100 Metern über dem Meeresspiegel ein Hochplateau, auf dem es eine Wasserquelle gab. Ich legte mich mit einem Kopf voller Bienen ins Zelt und hoffte, dass das Schlimmste überstanden war. Nach einiger Zeit verschlechterte sich allerdings mein Zustand. Ich schaffte es gerade noch, das Zelt zu verlassen und dann, und hier ermangelt es mir an einer blumigen Metapher, kotzte ich wie ein Reiher. Ich hatte also *soroche*. Und das schon bei 4100 Höhenmetern! Das ist wirklich peinlich. Da die Krankheit im schlimmsten Falle tödlich verläuft, sollte man unbedingt ein paar Meter absteigen. Aber es dämmerte bereits und wir dachten, dass es sich mit dieser Attacke vielleicht erledigt hatte. Nachdem mich jedoch wenig später der abendliche Tee und Zwieback im hohen Bogen wieder verlassen hatten, bekam ich Angst. Wir mussten unbedingt Höhe verlieren. Wir packten also in der heraufdämmernden Nacht unser Zelt und begaben uns circa 50 bis 100 Höhenmeter abwärts an den tiefsten Punkt des Plateaus. Noch weiter unten hätten wir keinen Zeltplatz mehr gefunden. Die ganze Nacht über wälzte ich mich in einem fieberähnlichen Zustand von rechts nach links, ohne eine einzige anständige Non-REM-Phase mitzunehmen. Maria schlief in dieser Nacht auch nicht besser, aber ich möchte den Leidensfokus schon auf mich gerichtet wissen.

Tag 2

Ich hatte mich offenbar akklimatisiert. Aufgrund unseres Gruppensofties legten wir nur eine kurze Strecke zurück. Es war immer noch anstrengend, aber in einem angemessenen Rahmen. Langsam begann ich auch die Umgebung wahrzunehmen: den dreizackartig geformten Vulkan Rumiñahui, die Krüppelsträucher, die von Blumen farbenfroh betupften Moose und Flechten. Kurzum die Welt hatte mich wieder.

Tag 3

Der Cotopaxi zeigte uns sein majestätisches, gletschervernarbtes Gesicht. Wunderschöne Tage lassen sich schwer beschreiben, ohne in kitschige Gemeinplätze abzurutschen. Dann lass ich es lieber.

Tag 4

Wie jede Nacht hatte der Himmel seine Schleusen geöffnet. Aber diesmal funktionierte der himmlische Schließmuskel nicht. Wir packten unser klitschnasses Zelt zusammen und marschierten im Regen los. Der Wind peitschte uns bei 5°C das Wasser ins Gesicht und wurde im Tagesverlauf schließlich formschön durch dichten Nebel ergänzt. Die Nebelschwaden zogen ausgerechnet dann auf, als unser Trekkingführer gerade verlangte „head south, cross open country“, also ohne Sicht querfeldein über völlig eingewässerten Moosboden. Keine Ahnung, wieso wir uns nicht verlaufen haben. Unsere Wanderschuhe hatten den Kampf gegen die Nässe längst aufgegeben und dampfenden Fußes erreichten wir endlich im Nichts eine kleine verdreckte Betonhütte. Obwohl der Hütteninhalt sich lediglich aus leeren Schnapsflaschen, Heu, Gerümpel und Vogelkot zusammensetzte, war sie abgeschlossen. Prima. Da der Regen sich jedoch in eine Endlosschleife begeben hatte, stiegen wir über eine dachnahe Öffnung in die Hütte ein, um dort eine trockene Nacht zu verbringen. Unser erster gemeinsamer Einbruch! Ziemlich romantisch. Da der Einstieg nicht ganz leicht war und keiner von uns beiden Lust auf eine nächtliche Kletterpartie hatte, wurde der Kochtopf über Nacht zu einer anderen Art von Topf umfunktioniert. Wem das zu viele intime Details sind, der überliest es einfach. Ich schlief schlecht, da die Mäuse gelegentlich über die Isomatten huschten und ich nur darauf wartete, dass mir ein vorwitziger Nager durchs Haupthaar wuselt. Aber trocken war’s.

Tag 5

Der Tag begann mit Regen, aber ich beschloss, es lustig zu finden, denn dieses Wetter konnte eigentlich nicht mehr ernst gemeint sein. Da man nasse Füße nur durch laufen warm bekommt, liefen wir den ganzen Tag durch. Gegen Abend riss der Himmel auf und wir fanden einen traumhaften Zeltplatz auf einem Bergkamm mit Rundumblick auf den Cotopaxi und die Bergriesen der Umgebung. Guckt euch die Bilder in den Werbeprospekten von Jack Wolfskin an und ihr wisst, was ich meine. Wahnsinn! Das Pendel schlägt eben immer wieder nach beiden Seiten aus.

Tag 6

Sonne. Der lange Abstieg nach Mulaló war ein überaus versöhnlicher Ausklang dieser vielseitigen Wandererfahrung. Gegen Ende führte der Weg durch angepflanzten Kiefernwald. So ökologisch blödsinnig Monokulturen auch sein mögen, aber dieser einseitige Nadelwald roch ein bisschen nach Heimat. Man meinte, über den Rennsteig zu wandern und danach gibt's bei den Eltern ein leckeres Steak. Ich räume einen Anflug von Heimweh ein.

So, das war's. Wir leben noch und das ist doch schon etwas.

Bis die Tage,
Ich

Auge um Auge, Hahn um Hahn

Liebe Leser,

ich bin nicht sicher, warum wir uns in Otavalo dem Spektakel eines Hahnenkampfes ausgesetzt haben. Interesse an fremden Traditionen, der Wunsch sich schockieren zu lassen oder das Bedürfnis, sich über die grausamen und primitiven Bräuche der Ecuadorianer zu echauffieren? Woher soll ich das wissen?
Die Arena des überschaubaren Saales war von kreisförmig aufsteigenden Zuschauerrängen umzirkelt, so dass alles wie eine kleine architektonische Verbeugung vor dem Kolosseum anmutete. Die Hähne haben maximal zehn Minuten, um sich zu behacken oder anderweitig zu beschädigen. Diese Zeit sieht man höchst untraditionell auf einer Digitalanzeige über dem Kampfplatz wegtropfen. Am Hinterfuß der Hähne wird ein Metalldorn befestigt, um so das natürliche Revierverhalten mittels menschlicher Finesse zu radikalisieren. Verloren hat der Hahn, der aufgibt, nicht mehr aufstehen kann oder tot ist. In manchen Ländern werden den Hähnen schmerzstillende Mittel verabreicht, um ihre Ausdauer zu verlängern. Der Hahn denkt solange „Tut ja gar nicht weh“, bis wirklich nichts mehr weh tut. Nachdem die Wetten abgeschlossen waren, wurden die geflügelten Gladiatoren aufeinander losgelassen. Die Ringrichter griffen stets dann ein, wenn ein Hahn den Kopf seines Kontrahenten zwischen seine metallisch bewehrten Füße bekam. Dies wäre vermutlich sonst ein zu schneller K.o.-Sieg gewesen. Ein weiß beanzugter Schwarzer, welcher als Ringrichter fungierte, zelebrierte seine Aufgaben mit einem Ernst und einer Hingabe, als handle es sich um eine religiöse Weihezeremonie. Wahrscheinlich wird jeder Unfug ästhetisch und sinnhaft auf eine höhere Stufe gehoben,

sobald ihn eine Handvoll Personen ernsthaft betreibt. Ein neuer Gott ist solange lächerlich, bis das erste Kalb geopfert ist und der erste Krieg in seinem Namen geführt wurde. Oh, ich schweife ab. Nach dem ersten Kampf wurden wir Zeugen eines Wettskandals. Der schwarze „Zeremonienmeister" schäumte und tobte, denn ein Zuschauer hatte die ehrwürdigen Wettregeln verletzt. Sogar eine kleine Polizeieinheit kam in die Arena getrabt, zog aber bald wieder unverrichteter Dinge ab. Ich habe keine Ahnung, was der bärtige Wettende in der ersten Reihe verbockt hatte, aber man muss nur wissen, dass jemand etwas ausgefressen hat und schon kann man sich des Eindrucks nicht erwehren, dass er eine fiese Gaunervisage hat.
Eigentlich hatte ich vor, nach dem Besuch des Hahnenkampfes ein flammendes Plädoyer für die Freiheit aller Kampfhähne zu halten, aber seltsamerweise griff mich das Gesehene in keiner Weise emotional an, obwohl es sich objektiv um Tierquälerei handelte. Ich war ein bisschen enttäuscht von mir selber und fragte mich: Warum? Vielleicht weil ein Hahn so gar nicht ins Kindchenschema passt? Bei Koalas oder kleinen Welpen hätte ich sicher andere Gefühle entwickelt. Vielleicht weil diese Hähne ein um Längen besseres Leben führen als jedes Otto-Normal-Huhn in deutschen Legebatterien? Vielleicht habe ich einfach zu wenig Blut gesehen? Mmh. Davon abgesehen: Bis zu welchem Punkt sollte man Traditionen anderer Kulturkreise respektieren und achten und ab welchem Punkt ist es richtig, sich für eine Änderung derselben einzusetzen? Je länger man reist, desto mehr laufen die Fragen den Antworten den Rang ab. Und so blödsinnig das auch klingt, je mehr Fragen man hat, umso weiser kommt man sich selbst vor. Der Mensch ist schon ein putziges Wesen.

Andere Geschichte:
Ein paar Kilometer von Otavalo entfernt liegen, versteckt

in den Anden, die Lagunas de Mojanda. Nachdem wir samt Campingausrüstung die größte *laguna* erwandert hatten, beschlossen wir, den See zu umrunden, um einen einsamen Zeltplatz aufzuspüren. Leider bestand ein Teil der Uferlandschaft aus Sumpfgebiet. Wir beschlossen also, pfiffig wie wir sind, diesen Bereich querfeldein entlang der Berghänge zu umgehen. Querfeldein, das liegt uns, dachten wir. Das Hartgras war meist hüfthoch und man konnte bei jedem Schritt nur vermuten, wann der Fuß wieder geerdet sein würde. Das drosselt die Laufgeschwindigkeit enorm. Der Hang gewann an Abschüssigkeit und hinter jeder kleinen Hügelspitze wartete eine neue Überraschung. Nachdem wir ein fast senkrechtes Stück Wiese backenbasiert abwärts gerutscht waren, stellten wir fest, dass es auch im weglosen Bereich Sackgassen gibt. Vor uns lag ein erstaunlich vertikaler Abhang, unterhalb dessen sich ein Waldgebiet befand, das vor allem durch seine Geschlossenheit beeindruckte. Wir mussten also zurück. Nach drei Stunden fanden wir uns mit wackligen Knien wieder am Anfang des Sumpfgebiets ein. Zu guter Letzt gab es doch noch einen morastfreien Platz fürs Zelt und einer Nacht mit starkem Dauerregen stand nichts mehr im Wege.

Bis denn dann,
Claudius

Stirb langsam in Vilcabama

Liebe Leser,

Vilcabamba ist ein kleines Örtchen inmitten einer paradiesischen Gebirgslandschaft, in der selbst Caspar David Friedrich den Pinsel aus der Hand gelegt und nur noch gestaunt hätte. Das Klima ist ganzjährig mild und die glücklichen Bewohner lebten bis vor einigen Jahren noch wirtschaftlich autark von eigenem Gemüseanbau und Viehzucht. Das Leben hier ist zu schön, um es durch einen vorschnellen Tod abzukürzen. Aus diesem Grund vernachlässigen die meisten Einwohner ihren eigenen Sterbeprozess derart, dass das Gros zwischen 90 und 110 Jahren alt wird. Wenn man schon im Himmel ist, wozu dann noch sterben? Es gibt viele wissenschaftliche Untersuchungen, warum die Leute ihr Leben hier nicht termingerecht beenden, aber meines Wissens noch keine handfesten Ergebnisse. Wir haben sie jedenfalls gesehen: verhutzelte, zufrieden schaukelnde Männlein in ihren Hängematten und ein verschrumpeltes Omchen, das wie eine freundliche Mumie neben uns auf der Bank kauerte. Wer behauptet, das Alter hätte nicht auch seine eigene Schönheit? Kommt nur darauf an, welche Lebenszufriedenheit und Lebenseinsicht durch die faltige, pergamentartige Haut hindurch schimmert. Bei einem 98jährigen alten Mann kaufte ich eine Stange selbst angebauten Tabak, den er selbst auch noch raucht. Er lebt außerhalb des Ortes und wandert regelmäßig eine Stunde mit seinem Rucksack ins Zentrum um einzukaufen. Dieser Tabak kann nicht schlecht sein.

Oberhalb Vilcabambas hatten wir bei dem ständig rauchenden, schlaksigen Amerikaner Charlie eine eigene Hütte in Beschreibungen hinter sich lassender Lage gemietet. Wir beschlossen, eine Tagestour per Pferd in die

Berge zu unternehmen. Mein Jungerfernritt ging über Stock und Stein. Rapide ansteigende Hohlwege, abschüssige Gebirgshänge, schmale Bergkämme, an der Steilkante grünender Schluchten entlang, kurzum ein Paradies für einen omniphoben Burschen wie mich. Seltsamerweise genoss ich jede Minute dieses Ritts. Auf jeder kurvigen Busfahrt suchte ich mehr die Nähe des Allmächtigen als hier. Aus irgendeinem Grund vertraute ich meinem Pferd. Dabei hieß es Whiskey. Die alten Karl May-Geschichten erzählten sich wieder in meinem Kopf und sie rochen nach Pferdeäpfeln. Das gibt jedenfalls in Bolivien oder Peru eine längere Fortsetzung. Ich bin ein Pferdeflüsterer. Wer hätte das gedacht?

Ich möchte nun das Eingangsthema „Stirb langsam“ durchführungsartig Richtung Hängematte modulieren. Auf der Terrasse unserer Hütte gab es eine landestypische Hängematte. Sie hing ungewöhnlich hoch über dem gefliesten Terrassenboden und ich hatte bereits am Vortag die Halterungshaken mit einem pessimistischen Blick gestreift. Nach dem langen Ritt schien mir jedoch das entspannte Nichtstun in einer solchen Matte sehr verlockend. Kurz nach meiner Fehlentscheidung bog sich einer der Halterungshaken durch und ich rauschte abwärts. Schmerz ist ein eindeutiges Indiz dafür, dass man noch lebt, also in gewisser Weise Grund zur Freude. Ich verlieh dieser Freude Ausdruck. Ich tanzte. Erst sprang ich auf der Terrasse rechteckig im Kreis, dann trat ich gegen die Brüstung, um die Terrasse an meinen Gefühlen teilhaben zu lassen. Der freie Ausdruckstanz wurde akustisch von einigen gut gestützten Schreien begleitet. Genau genommen hatte ich enormes Glück. Maria meinte, ich hätte mir bei der Höhe auch die Wirbelsäule brechen können. Stattdessen bildete sich lediglich steißnah ein ansehnliches Schwellungsei. Charlie kam, durch mein Schreien angelockt, fragte kurz, ob ich noch alles bewegen könne, klopfte dann in aller Seelenruhe die Haken der

Matte wieder mit einem Stein zurecht, meinte, wir sehen uns ja dann zum Abendessen und weg war er. Wer noch entspannter ist, ist tot. Beim Abendessen wurde dann allerdings deutlich, dass ihm der Schreck auch ganz schön in die Knochen gefahren war. Er hatte nur anfangs Schwierigkeiten, das auch zu zeigen.
Es war durchaus gerecht, dass ich mal dran war. Maria plagt sich seit einer Woche mit der Rache Montezumas (Durchfall) herum. Sie vermutet eine Lebensmittelvergiftung. Zum Glück scheint es auch bei ihr aufwärts zu gehen. Wir kurieren uns also gegenseitig, während wir nebenbei in dieser Nacht Richtung Peru aufbrechen. Dort verschwinden wir dann erstmal im Dschungel, also nicht wundern, wenn der nächste Buchstabenhaufen ein bisschen auf sich warten lässt.

Schüss,
euer Methusalem

„Somewhere to Elsewhere“

Liebe Leser,

Manchmal sind vier Tage nötig, um von A nach B zu kommen. In unserem Fall war A Vilcabamba in Ecuador und B der Nationalpark Pacaya-Samiria im Amazonasgebiet Perus. Auf den ersten Blick eine Zeitspanne, die man beim Erzählen getrost skippen kann. Aber der Reiseprozess als solcher ist schließlich auch Teil der Reise und verdient eine angemessene Würdigung.

Um den Nachtbus nach Zumba durchfallfrei zu überstehen, verzehrte Maria sehr tapfer als Abendessen eine Tofu-Suppe. Ihrem Gesicht nach zu urteilen, war der Geschmack in gewisser Hinsicht einzigartig. Ich schlemmte hingegen mexikanische Tortillas mit frischen Avocados, Tomaten, Käse, Zwiebeln und saftig gebratenem Fleisch. Ich räume ein, das war ein bisschen herzlos. Aber lecker. Aus Sicherheitsgründen beschlossen wir außerdem, Maria mit einer Lopedium abzudichten. Wenn man allerdings einem brodelnden und gärenden Magen-Darm-Trakt das Überdruckventil medikamentös zukleistert, erhöht das nicht zwingend die Lebensqualität. Die arme Maria hatte während der ganzen Fahrt Bauchkrämpfe. Hinzu kam, dass die Straße sich in einem naturbelassenen Zustand befand und sich ausschließlich aus Krümmungen zusammensetzte. Dass der Busfahrer fuhr, als hätten sich seine Bremsbeläge aufgelöst, tat ein Übriges, um die Fahrt für Maria unvergesslich zu machen. Aufgrund unseres Bleifußfahrers erreichten wir Zumba eineinhalb Stunden zu früh, also drei Uhr nachts. Wir bastelten uns auf dem staubigen Beton vor der Busstation aus unseren Rucksäcken eine Art Bett und versuchten, wieder in einen schlafähnlichen Zustand zu gelangen. Obdachlos in Ecuador. Wir müssen ganz schön

verwahrlost ausgesehen haben.
Morgens sollte uns ein Bus, genauer gesagt ein halboffener Laster mit Holzbänken, an die Grenze bringen. Auf unseren Busfahrer wurden wir erstmals aufmerksam, als er einem Taxifahrer ins Gesicht schlug, weil der seinen Parkplatz blockierte. Klar, wer hätte da nicht ...? Kurz darauf erschien eine Polizeistreife. Die sagte dem Busfahrer ganz freundlich „Das macht man nicht“ und schon streifte sie weiter. Zum Glück fuhr er langsamer als er zuschlug. Nach den Grenzformalitäten und einigen Fahrzeugwechseln erreichten wir abends Jaen und dort gab es endlich ein Bett.
Würde Jaen nicht zwischen A und B liegen, hätten wir niemals einen Strich durchgezogen. Die Arterien der Stadt waren mit dreirädrigen Motortaxis verstopft und der Rest war Schweiß, Schmutz und Beton. Und ausgerechnet hier wird man gefragt, wie einem die Stadt gefällt. Ich sagte, Jaen ähnele vielen Städten Ecuadors. Das stimmte, denn die fand ich meistens auch hässlich. Manchmal kann man gleichzeitig nett und ehrlich sein. Aufgrund seiner berückenden Schönheit ist Jaen bisher kaum vom Tourismus befallen. Anders lässt sich auch kaum erklären, dass meine blonde Mähne derart offensives Begaffen auslöste. Ich bin gern im Zoo, aber ungern auf der anderen Seite des Gitters. Von dem gelegentlichen distanzlosen Starren in Jaen abgesehen, sind die Menschen in Nordperu allerdings in erster Linie sehr freundlich, liebenswert und hilfsbereit. Das Negativbild der geldgierigen, kühlen und kontaktscheuen Peruaner, das uns manche Reisende und Reiseberichte vermittelten, hat sich bisher in keiner Weise bestätigt.
Nachdem uns der Fahrplan einen ganzen Tag in Jaen festnagelte, trafen wir, nach einer chaotischen Nachtfahrt mit Motorpanne, in Yurimaguas ein. Von dort sollte uns ein Frachtschiff zwölf Stunden flussabwärts in das Dschungeldorf Lagunas bringen. Da der Frachter aufgrund

des niedrigen Wasserpegels nicht abfuhr, verbrachten wir die Nacht an Bord in illustrer Gesellschaft einer schottischen Staatsanwältin namens Angie und dem peruanischen Buchhändler David nebst Frau. Davids neun Tonnen Bücher lagerten zwischen Kühen und Gemüse im Schiffbauch. Faszinierenderweise hat David Klaus Kinski getroffen, als der hier in der Nähe mit Werner Herzog das Film-Epos „Fitzcarraldo“ drehte. Wer würde nicht gern mal mit einem tollwütigen Hund spielen? Da das Frachtschiff anderntags immer noch nicht ablegte, wechselten wir mit unserer Schottin auf ein kleineres Schiff und glitten auf den trägen Strom hinaus.
Ich hatte mir in einem englischen Buchladen ein zerlesenes Exemplar von „Huckleberry Finn“ zugelegt und zu einer Hängematte auf einem Dschungelfluss gibt es kein perfekteres literarisches Beiwerk. Abends stieg ich auf das fast menschenleere Schiffsdach. Das Wegdämmern des Urwaldufers, das allmählich anschwellende Konzert der Nacht und der stolz und dunkel dahin strömende Fluss – es war einer dieser Momente, in denen man glaubt, ein kleiner Partikel des Universums am richtigen Platz zu sein.

Adios,
Claudius

„Welcome to the Jungle“

Aus unseren Füßen rankten sich Wurzeln, unsere Arme waren von einem dichten Federkleid bedeckt, auf unseren Rücken schimmerten die Schuppen des *paiche*[4] und unseren Mündern entrang sich der Ruf der Brüllaffen. Unsere scharfen Konturen verschwammen vor dem dichten Grün des Dschungels und wir wurden wieder zu dem, was einmal unsere Bestimmung war: einem kleinen Teil des großen Ganzen. Klingt ein bisschen esoterisch. War es wahrscheinlich auch.

Wir bestiegen mit unserem Guide Esteban einen Einbaum, der so tief im Wasser lag, dass jede hektische Bewegung dem Fluss freien Zugang zum Boot verschaffte. Die Holzpaddel waren breit und schwer, aber das aktive Mitrudern ließ mich noch mehr vergessen, dass ich eigentlich als touristischer Fremdkörper auf dieser schlanken Dschungelader dahinglitt. Neben uns zog Angies Guide Octavio sein Paddel kraftvoll durch das Wasser und versuchte gelegentlich, von unserer schottischen Staatsanwältin Tipps für seine anstehende Scheidung zu ergattern. Angie verließ uns nach drei Tagen bereits wieder Richtung Yurimaguas, nicht ohne uns vorher noch die schottischen Highlands ans wanderlustige Herz zu legen. Während der gesamten sieben Tage auf dem Dschungelfluss trafen wir kaum Touristen, aber immer wieder *guardabosques*, die das Eindringen von Wilderern in den Nationalpark verhindern und die Eier zweier bedrohter Schildkrötenarten schützen sollen. Die Eier werden in künstlichen Sandkästen gesammelt und dort bis zum kollektiven Schalendurchbruch bewacht. Affen, Menschen, Vögel …, die Liste der Eierdiebe ist

---

4 Einer der größten Süßwasserlungenfische der Welt.

lang. Der Hund eines Parkwächters, den der Appetit auf kulinarische Abwege und in einen jener Sandkästen getrieben hatte, bekam die erzieherische Vollmacht eines handlichen Knüppels zu spüren.

Sowohl die *guardabosques* als auch die Guides, welche neben der Touristenbetreuung ebenfalls Wildhüteraufgaben übernehmen, verdienen ein Gehalt, für das ein Deutscher nicht einmal den Müll rausbringen würde. Da die Flüsse mit Fischen gesättigt sind, dürfen sie sich durch Fischverkauf ein paar Soles dazu verdienen. Ihre Fischfangtechniken zeigen, welche elysischen Gewässer wir durchschifften. Mittels eines halb zerfetzten Netzes wird eine kleine Bucht des Flusses abgesperrt. Dann fährt man mit dem Boot in die Bucht, schlägt mit dem Ruder ins Wasser und sammelt die Fische aus dem Netz, so wie man reifes Obst von den Bäumen schüttelt. So leicht das bei Esteban aussah, so deppert stellten wir uns dabei an, die glitschigen und zappelnden Fische aus dem Netz zu befördern. Ein Schlag auf den Hinterkopf beruhigte die jodhaltigen Mahlzeiten jedoch ungemein. Beim Entschuppen und Ausnehmen der Fische brodelte um uns herum das Wasser. Besonders die Piranhas vertilgten die Fischreste rasend schnell. Trotz ihrer Fressgier gelang es uns nicht, die bissigen Zeitgenossen zu angeln. Kaum war der Haken samt Fischköder im Wasser, schon war der Köder verschwunden und der Haken blinkte wieder jungfräulich im Sonnenlicht. Maria gelang es immerhin zweimal, einen Piranha an den Haken zu bekommen, aber da wir nicht wussten, wie man einen nervösen Piranha richtig anfasst, sprangen beide Fische wieder zurück in ihre nasse Wohnstube. Eine alte Narbe an Estebans Hand zeigte uns, welche Folgen es haben kann, wenn man sich an einem Piranha vergreift. Besonders faszinierend war das Harpunieren schlafender Fische. Es war uns schon schleierhaft, wie Esteban inmitten des Laubs und Geästes die Fische ausmachte, aber dass er sie häufig auch noch traf! Einmal lotste mich Esteban so nah zu einem mächtigen, schlafenden Schuppenträger, dass ich ihn fast mit den bloßen Händen greifen konnte. Ein todsicheres Fischgericht. Doch als meine Harpune sich in den Flusssand bohrte, hatte sich der Fisch längst selbst evakuiert. Allein im Urwald würde ich einen modernen Tantalus abgeben. Überall Essen vor der Nase, aber sobald ich danach greife ...

Esteban war der Prototyp des perfekten Urwaldguides. Während wir herabfallende Blätter und Äste akustisch mit springenden Totenkopfäffchen oder Beute schlagenden Jaguaren verwechselten, wusste er jedem Geräusch und jedem Huschen im Dschungel den passenden Tier- oder Pflanzennamen zuzuordnen. Die Faultiere in den Bäumen hätten wir ohne ihn ebenso wenig gesehen wie die an morschen Baumstämmen dösenden Vampirfledermäuse, die wir trotz Estebans beschreibender Bemühungen erst sahen, als sie uns um die Ohren flogen. Verblüffend war, wie sich in Estebans Kopf fundiertes Wissen mit dem Aberglauben der Dschungelbewohner vermischte. In einer kleinen Lagune, in der uns rosa Flussdelphine umsprangen, schlief laut Esteban am Grunde des Sees eine etwa dreißig Meter lange schwarze Anakonda. Interessant, das zu hören, während man mit dem Boot langsam über die Schlafstube des Monsters gleitet. Zur Zeit der Goldsucher habe eine solche *anaconda negra* ein Boot mit zwei Engländern in die Tiefe gezogen. Oder waren es vier Amerikaner? Nun, so entstehen Legenden. Einen lauten Knall, den wir in der Dämmerung hörten, ordnete Esteban prompt der jagenden schwarzen Anakonda zu. Sie betäube ihre Opfer nämlich mit einem Wasserstrahl, den sie mit enormem Druck aus ihrem Maul schleudere, um die Beute anschließend zu verschlingen. Wir hatten nicht den Eindruck, dass diese Geschichten der Begruselung schüchtern blinzelnder Touristen dienten. Esteban ging seinen Geschichten auch selbst auf den Leim. Ich

bezweifelte die Existenz dieser mysterienumrankten Schlange trotz Estebans eindeutigem Glaubensbekenntnis. Meine mentale Nähe zum Jünger Thomas fand schließlich im Internet Bestätigung. Es gibt überhaupt keine *anaconda negra* und die größte existierende Anakonda-Art wird höchstens neun Meter lang.
Inwieweit Estebans naturheilkundliche Kenntnisse auf Glauben oder Wissen basierten, weiß ich nicht. Ihre Auswirkungen waren in jedem Fall originell. Kurz nach Beginn unseres Dschungeltrips hatte sich mein Stuhlgang in eine Substanz verwandelt, die an dünnen Bohnenkaffee erinnerte, allerdings anders roch. Zum Glück war keine Regenzeit und das Flussufer mit wenigen Paddelschlägen erreichbar. Ich hätte vorher nicht geglaubt, dass ich trotz Giftschlangen und ähnlichem Gekreuch mit Sandalen und kurzhosig in den Dschungel stolpern würde, um meinen Hintern ins geheimnisvolle Dickicht zu halten, aber man gewöhnt sich an alles. Esteban erzählte uns übrigens eine schöne Geschichte über eine durchfällige Touristin, die zur Regenzeit keine andere Wahl hatte, als auf einen Baum zu klettern, um dort eine Astgabel zum Thron zu küren. Es geht immer noch beschissener. Aber zurück zu Estebans naturheilkundlicher Befähigung. Er wollte meinem braunen Ausfluss Einhalt gebieten. Aus der Rinde des *shansho caspi* lässt sich ein unglaublich bitterer Tee brauen. Das wurde meine erste Urwaldmedizin. Ich musste mir vorher den Bauch mit einer ätherischen Salbe einreiben und den Kopf in den Fluss tauchen. Wenn der Kopf kühl ist, dann entfaltet der Rindentee seine Wirkung nämlich nur im Bauch. Aha. Nachdem ich den Tee herunter gewürgt hatte, legte sich mein Körper in eine steile Fieberkurve, um nach wenigen Minuten den gesamten Mageninhalt samt Wundermedizin wieder heraus zu würgen. Esteban reagierte ganz gelassen. Dies sei keine ungewöhnliche Reaktion. Hätte er mir ruhig auch vorher sagen können. Sehr abgeklärt mein Herr Dschungeldoktor.

Danach gab es Zitronensaft mit Salz und dann etwas Versöhnliches: Tee aus Blättern der Baumwollpflanze mit Oregano und Limonensaft. Direkte Auswirkungen auf meine Unpässlichkeit waren zwar nicht zu verzeichnen, aber meine Laune besserte sich deutlich. Sehr, sehr lecker. Aufschlussreich, wie wichtig der Glaube bei so vielen Dingen ist. Als nach mehreren Tagen der Durchfall langsam abklang, schrieb es Esteban seinen Heilmitteln zu. Ich tippe da eher auf die heilende Wirkung der Zeit, aber wer weiß. Unsere tollen Hightech-Medikamente schlagen ja auch nicht immer gleich an. Ich denke, dass bei dieser Dschungelmedizin erstaunliches Wissen neben erstaunlichem Unfug existiert. Aber das kann ich als kleiner Musiklehrer jetzt nun wirklich nicht auseinander halten. Maria hatte übrigens zum Ausgleich zwar keine Durchfallprobleme, aber dafür eine ansehnliche Kollektion an Stichen, die juckten und schmerzten. Im Dschungel sticht einfach alles: Ameisen, falterähnliche Insekten, Fliegen, Mücken. Und alles war sehr an Marias Blut interessiert.

Die Nächte verbrachten wir in den Hütten der *guardabosques*. Mal gab es Holzwände, mal nur vier Pfähle, auf denen das Dach ruhte. Das waren die schönsten Nächte. Vom Dschungel nur durch das Moskitonetz getrennt, lag man auf den Holzplanken der Hütte und ließ sich vom Dschungelorchester in den Schlaf wiegen. Manchmal strahlte über dem polyphonen Klang-Gewirk der Frösche, Insekten und unnennbaren anderen Musiker die chromatisch abfallende Gesangsmelodie der *ayaymama* auf. Dieser nachtaktive Vogel beklagt der Sage nach den Verlust seiner Kinder.[5] Morgens gegen fünf Uhr bekam die Symphonie durch das Fortissimo der Brüllaffen eine neue

5 Oder den Verlust seiner Mutter. Hängt ganz davon ab, wer einem die Legende erzählt.

Qualität. Diese Schreie dienten Esteban als Wecker, wenn er die Netze ihrer nächtlichen Beute entledigen wollte, um den fangfrischen Fisch pünktlich zum Frühstück über dem Feuer zu haben.
Um euch nicht mit einer Auflistung der gesehenen Tiere vom *guacamayo azul y amarillo* über *arahuana*, *mama vieja*, *caimán*, *martín pescador* und so weiter zu langweilen, hier nur zwei exemplarische Tiergeschichten:
Riesenotter sind wackere Streiter, wenn es darum geht, ihr Revier zu verteidigen. Was ich bisher nur aus einem Film kannte, in dem ein Rudel Otter ein mächtiges Krokodil durch tollkühnes Attackieren vertrieb, spielte sich nun direkt vor meinen Augen ab: Eine Gruppe Riesenotter fühlte sich durch unsere Anwesenheit gestört und beschloss, uns durch Keifen und Drohgebärden zu vertreiben. Esteban verwandelte sich in die perfekte akustische Imitation eines übellaunigen Ottermännchens und regte dadurch die Otter zu noch mehr Hälse-Recken und empörtem Gespecker an. Als wir die Gruppe schließlich passiert hatten, schwammen sie siegessicher hinter uns her, um den vermeintlichen Triumph auszukosten. Ich meine mich zu erinnern, dass sich einmal ein Otter in Estebans Ruder verbissen und ihm dieses entrissen hat, aber vielleicht ist das auch nur meine erste eigene Urwaldlegende.
Kommen wir nun zu Marias ganz persönlichem Schlangenerlebnis. Wir waren an diesem Tag noch nicht lange auf dem Wasser, als wir eine Schlange entdeckten, die sich auf der Wasseroberfläche schlängelnd fortbewegte. Maria saß in der Bootsmitte und fotografierte, während Esteban mir die wichtige Information gab, dass diese Schlange nicht giftig sei. Da Blendenweite und Belichtungszeit Marias Aufmerksamkeit vollständig in Beschlag nahmen, entging ihr dieses interessante Detail. Das erklärt ihren Schreck, als sie im Sucher der Kamera sah, dass die Schlange plötzlich auf unser Boot zuhielt.

Esteban versuchte von seiner vorderen Sitzposition aus, die Schlange mit dem Ruder zu vertreiben, erreichte aber nur, dass die Schlange panisch wurde und sich, ob versehentlich durch einen Ruderschlag in die Luft katapultiert oder durch in Eigeninitiative freigesetzte Sprungkraft, plötzlich direkt hinter Maria im Boot befand. Maria wurde nun ebenfalls panisch. Ihrer Auffassung nach befand sich direkt hinter ihr eine nervöse Giftschlange. Das ist nicht gut. Ganz klar. Und zwar in mehrerer Hinsicht. Wird man panisch, zuckt man nämlich herum und das bedeutet bei einem Kanu, das so tief im Wasser liegt, dass es vielleicht bald unter Wasser liegt. Zum Glück verhinderte mein heldenhafter Auftritt größeren Schaden. Einmal ging alles so glatt, wie man es aus Abenteuerfilmen kennt. Ich packte, der Todesangst höhnisch in die fahle Fratze lachend, mein Ruder und schleuderte die schreckliche Kreatur damit behende aus dem Boot. Punkt. Auftritt beendet. Siegfried der Drachentöter zieht sich zum erfrischenden Bad im Lindwurmblut zurück. Die Schlange war draußen und leider mussten wir Maria nun über die Harmlosigkeit der Schlange aufklären, was meinem Nimbus der Furchtlosigkeit wieder etwas die Strahlkraft nahm. Hätte ich wie Maria geglaubt, es handele sich um eine Giftschlange, wäre ich vermutlich einfach schreiend von Bord gehüpft.
Na ja, mit dem Heldentum ist es hier in Südamerika auch so eine Sache. Wer nicht hier war, dem werden manche Dinge als waghalsig und tollkühn erscheinen, die es vor Ort gar nicht sind. Zum Beispiel haben wir täglich im trüben Wasser des Flusses gebadet, in dem sich Kaimane ebenso tummelten, wie Giftschlangen, Anakondas und Piranhas. Wäre ich nicht dort gewesen, würde ich denken: Unglaublich, was die sich getraut haben! Aber wenn einem Esteban, der in diesem Dschungel zu Hause ist, sagt, dass die Piranhas einen zufrieden lassen, solange man nicht blutet und die Schlangen uns nichts tun, dann glaubt man

das, so seltsam das jetzt auch klingt. Wo wir gerade bei Blut sind: Ich muss mein Schwert Nothung noch putzen.

Tschüss,
euer Siegfried

„Under Peruvian Skies“

Liebe Leser,

retrospektiv betrachtet hatten wir eine Menge Massel, dass wir komplikationsfrei von Ecuador nach Peru einreisen konnten. Zwei Wochen später war in Ecuador bereits der Ausnahmezustand verhängt und die Grenze zu Peru dicht. Nachdem Präsident Correa Kürzungen des Polizeiapparates beschlossen hatte, erhob sich ein Teil der Polizei zur Revolte. Im Gerangel mit meuternden Polizisten explodierte eine Tränengasgranate neben Correas Kopf und er musste in ein Krankenhaus gebracht werden. Dort wurde er von aufständischen Polizisten gewaltsam festgehalten, bis er durch regierungstreue Militärs in einem kleinen Scharmützel befreit wurde. Ein toter Polizist, Plünderungen in den großen Städten und eine Polizei, die offenkundig eine sehr subjektive Sicht von Recht und Ordnung zu haben schien, reichten für die Erklärung des Ausnahmezustands aus.
Skurrile Episode am Rande: Im Zuge der Auseinandersetzung mit den „Rebellen“ soll sich Correa das Hemd von der Brust gerissen und gerufen haben: „Hier bin ich! Tötet mich, wenn ihr euch traut! Aber die Revolution wird weiter gehen!“ In Ecuador ist so was eine politische Geste. Hätte unser Angela in Deutschland so eine Nummer abgezogen, das wäre ein echter Brüller gewesen. Ich glaube, in Ecuador hat niemand gelacht.

Im Norden Perus haben Baum und Busch noch die deutliche Oberhand über menschliche Behausungen. Auch die Touristenströme scheinen sich eher im Süden Perus zu ballen. Den Anblick des *catarata gocta*, des dritthöchsten Wasserfalls der Welt, teilten wir zum Beispiel bloß mit zwei sympathischen Hunden. Die bisherige Touristenarmut des Nordens schlägt sich allerdings spürbar im Bus- und Verkehrssystem nieder. Der Begriff System ist irreführend, denn er suggeriert ein Mindestmaß an Struktur. Dieses Verkehrsnetz besteht jedoch ausschließlich aus Löchern. Zentrale Busbahnhöfe gibt es nicht. Busse, Laster, *collectivos* und dreirädrige Motortaxis fahren an willkürlich über die Stadt verteilten „Haltestellen" ab. Als hätte ein Blinder den Auftrag bekommen, ein abstraktes Muster auf einen Stadtplan zu tupfen. Eine Haltestelle unterscheidet sich von einem beliebigen Straßenabschnitt lediglich dadurch, dass dort gelegentlich etwas abfährt. Diese Abfahrtstationen ausfindig zu machen, gerät oft zu einem kunstvollen Ratespiel. Die Peruaner sind nämlich unglücklicherweise sehr hilfsbereit und höflich. Sie wollen auch dann helfen, wenn sie keinen blassen Dunst haben, wo zum Beispiel die Busse nach Chan Chan abfahren. Man wird dann freundlich in eine beliebige Richtung geschickt oder erhält als Antwort „Mas alla!", was soviel wie „Mehr da rüber!" bedeutet. Manchmal gibt es gar keine Haltestellen. In Trujillo mussten wir vorbei fahrenden Kleinbussen unser Ziel zurufen. Ein wackelnder Zeigefinger aus dem fahrenden Bus deutete an, dass man noch ein bisschen weiter rufen konnte. Dieses ganze Vergnügen entgeht einem, wenn man einen Ausflug bei einer Touristenagentur bucht. Dann wird man schön im Hotel abgeholt, schön zur Sehenswürdigkeit gebracht, bekommt schöne Sachen erzählt und weiß gar nicht, was einem entgangen ist. Aber da wir der Mutterbrust entwöhnt sind und außerdem einen kleinen Unabhängigkeitstick haben, suchen wir schön weiter.

Ich möchte nebenbei erwähnen, DASS DER COMPUTER GERADE SCHON WIEDER ZEHN ZEILEN VERSCHLUCKT HAT UND ZWAR TROTZ ALLER HANDELSÜBLICHER VORSICHTS-MASSNAHMEN! DARF MAN EIN TECHNISCHES GERÄT ARSCHLOCH NENNEN ODER ZEUGT

DAS VON GEISTIGER UNREIFE? ICH BIN RANDVOLL MIT WÖRTERN, DIE ICH GELERNT HABE, ALS ICH BLOCKPRAKTIKUM AN EINER HAUPTSCHULE GEMACHT HABE!
Nun gut, ist schon wieder besser. Langsam atmen. Nur atmen.

Informationen zu überfliegen oder tatsächlich zu verinnerlichen, dazwischen liegen Welten. Die harten Fakten zum Weg vom Dörfchen Tingo zur Festungsruine Kuelap besagten: 1250 Höhenmeter, vier bis sechs Stunden Gehzeit, kein Schatten und brütende Sonne. In unserer trüben Gehirnsuppe hatten sich allerdings zwei Stunden Gehzeit und 700 bis 800 Höhenmeter als Erinnerungsbrei abgesetzt. Die eigene Erwartungshaltung wird auf eine harte Probe gestellt, wenn sich hinter jedem Bergkamm ein neuer Gipfel erhebt. Man fühlt sich von der Landschaft verscheißert. Die Mittagssonne versuchte uns mit wummernden Hitzehämmern weich zu klopfen und einige Wolken zogen träge knapp an ihr vorbei, um sie auch ja nicht beim Touristengrillen zu stören. Zu allem Überfluss beeindruckten unsere Wasservorräte vor allem durch ihre Übersichtlichkeit. Maria wurde schließlich übel und wir befürchteten schon einen Sonnenstich, als sich plötzlich, fröhlich schlängelnd, ein kalter Gebirgsbach näherte. Wir wurden Freunde. Aber nach so einem Marsch die Festung zu erreichen, hat einen gänzlich anderen Beigeschmack, als sich den Zugang durch eine bequeme Gruppentour erschlichen zu haben. Man ist stolz.
Da ich im weitesten Sinne Pädagoge bin, möchte ich meinen Bildungsauftrag nicht völlig vernachlässigen und euch ein bisschen Wissen schenken. Die Festungsanlage Kuelap, die wir im Übrigen wieder mal für uns hatten, wurde im 12. Jahrhundert von den Chachapoyas errichtet. Es ist verblüffend, wie viele verschiedene Hochkulturen es in Peru gab. Die Inkas hatten lediglich gerade die Nase vorn, als die Spanier sich anschickten, mit Goldgier und

brachialem Missionswahn den Kontinent auf den Kopf zu stellen. Die Chachapoyas wurden von den Inkas nie vollständig besiegt. Laut spanischer Chronisten waren die Männer gefürchtete, kahl geschorene und mit Nasenschmuck verzierte Krieger und die Frauen von erlesener Schönheit. Beide Informationen sind angetan, die männliche Fantasie zu beflügeln. Die Frauen waren erstaunlich gleichberechtigt und durften sogar an Kriegsverhandlungen teilnehmen. Die dauerten vermutlich dementsprechend immer recht lange. Nach siegreichem Feldzug trugen die Krieger die abgeschlagenen Köpfe ihrer Feinde im Triumphzug durch die Stadt. Hört man solche Geschichten über Kulturen, die von der Zeitläufte längst überspült wurden, erschauert man in einer Mischung aus Grauen und Faszination. Würde man so etwas über amerikanische Soldaten lesen, würde man Transparente bemalen und zur Demo gehen. Seltsam, wie kontextabhängig man moralische Urteile fällt.
Die Übernachtung am Fuße der Festung geriet zu einem eigenen kleinen Abenteuer. Wir wussten noch nicht genau, wo wir die Nacht verbringen sollten, als uns ein kleiner Junge ansprach, dessen von Schmutzinseln bedecktes Bubengesicht auf eine sehr wassersparende Hygiene hindeutete. Er zog zwei Pferde hinter sich her und plapperte, ob wir schon eine Unterkunft hätten, denn seine Mama vermiete nämlich ein Zimmer und es wäre sehr billig und seine Mama würde für uns kochen und das sei sehr lecker und überhaupt und außerdem. Mein innerer Taubert knurrte missmutig: „Ach nö!“ Wir waren den ganzen Tag in glühender Hitze bergauf marschiert (ich denke, das habe ich bereits erwähnt) und ich wollte einfach nur ein schlichtes, annehmbares Bett, eine bauchfüllende Mahlzeit und vor allem meine Ruhe. Stattdessen drohte mir jetzt ein authentischer peruanischer Familienabend im Schmutz, umringt von kleinen peruanischen Dreckspatzen, die eifrig in einem unverständlichen Spanisch auf mich

einreden würden, ohne zu verstehen, dass ich nichts verstehe. Und dann die mangelnde Hygiene und die Armut. Ich muss mich schon überwinden, um mir deprimierende Filme wie „Breaking the Waves“ oder „Dancer in the Dark“ anzusehen.[6] Und jetzt sollte ich mir so ein bedrückendes Szenario in Echtzeit und 3D ansehen und auch noch eine Gastrolle übernehmen. Das Drehbuch gefiel mir nicht und ich wollte Maria überreden, ein kleines „Hotel“ im Ort aufzusuchen. Maria war jedoch Feuer und Flamme für die „Familienherberge“ mit Authentizitätsgarantie und wer bin ich, dass ich da Widerworte gebe? Susanna, die Mutter des zwölfjährigen Steppken, hatte außerdem noch einen achtjährigen Sohn und eine elfjährige Tochter zu versorgen. Der Vater war vor einigen Jahren unter Umständen gestorben, die sich uns aufgrund der Sprachbarriere nicht ganz erschlossen. Der Widerspruch zwischen den ärmlichsten Verhältnissen und der Lebensfreude der Kinder war schwer zu fassen. Die Behausung: zwei Lehmhütten, Fußboden aus fest gestampftem Dreck, keine Fenster, teilweise undichte Dächer, kein elektrisches Licht. Unser Zimmer: unverputzte Lehmwände, viel Gerümpel, ein staubiges Bett, ein Haufen alter Decken, ein vor Unzeiten gewaschenes Bettlaken, ein versiffter Schlafsack. Die Toilette stand auf dem Hof und war notdürftig mit Lehmziegeln ummauert, die eher an Dreck denn an Backsteine gemahnten. Stand man in der Toilette, so befand sich der Oberkörper im Freien und man sah sich den Blicken der in Klo-Nähe spielenden Kinder ausgesetzt. An Setzen war jedoch aus nahe liegenden Gründen ebenfalls nicht zu denken. Es war die erste Toilette, deren archaische Ästhetik mich überforderte. Ich hielt mich an einem herumstehenden Busch schadlos.

6 Zwei Filme, die ich bis heute nicht gesehen habe.

Diese Toilette war dennoch, so grotesk das klingen mag, ein Beleg dafür, dass sich die Familie eines gewissen Wohlstands erfreute. Die umliegenden Nachbarn besaßen nämlich gar keine Toilette und kamen daher immer zu Susanna, wenn mal wieder eine längere Sitzung fällig war.
Nachdem Susanna von ihrer Arbeit heimgekehrt war (sie hilft bei den Ausgrabungen in der Ruinenstadt), versammelten wir uns in der Küche. Küche, das hieß ein klappriger Tisch, marode Stühle, etwas Geschirr und eine offene Feuerstelle am Boden. Wir setzten uns mit den Kindern auf die wackeligen Sitzgelegenheiten und Susanna fragte, ob wir Hühnchen mögen. Nachdem wir dies bejaht hatten, ging sie nach draußen. Dort stöberten ihre Hähne und Hühner unter den Büschen und im Müll nach Essbarem, ohne zu wissen, dass sie selbst in diese Kategorie fielen. Susanna kehrte mit einem Hahn auf dem Arm in die Küche zurück. Die Kinder hielten den Vogel fest, während Susanna ihm mit einem Messer vor unseren Augen die Kehle durchschnitt. Obwohl Susanna mehrmals mit der stumpfen Klinge hin und her hobeln musste, ließ es der Hahn geschehen, als sei Sterben das Normalste auf der Welt. Das Blut wurde in einer Pfanne aufgefangen, um zu einer Art Blutsuppe verkocht zu werden. Nachdem der Hahn ausgeblutet war, wurde er mit heißem Wasser übergossen und anschließend gerupft. Der nackte Vogel, der nun unter dem Federkleid zum Vorschein kam, wurde nahezu vollständig verwertet. Die Füße werden, nachdem die Krallen abgebrannt sind, in Suppen verarbeitet und selbst der Darm wird, nach leidlicher Reinigung, gebraten und gegessen. Wir durften sogar kosten. Ich hatte keine Ambitionen auf diese kulinarische Grenzerfahrung, Maria war da offener. Sie behauptete, es schmecke gar nicht schlecht, wobei das Wissen um die prämortale Funktion des Organs die Geschmacksknospen etwas irritiere. Schließlich hatte jeder seinen Teller mit Reis und einem Stückchen Hahn vor sich. Dazu gab es Kaffee, der so

dünn war, dass wir ihn für einen uns noch unbekannten Tee hielten. Nach dem schlichten aber sehr guten Essen machte der kleinste Bube bei Kerzenlicht seine Hausaufgaben, um dann auf einer Plasteflasche begeistert Luftgitarre zu spielen. Welchen Wert hat musikalisches Talent, wenn kein Geld für eine Gitarre, geschweige denn für einen Lehrer da ist? Dann spielten die Kinder „Mensch ärgere dich nicht". Die Figuren waren Papierschnipsel und der Würfel eine Streichholzschachtel, deren Seiten mit Zahlen bemalt waren. Ein Würfel oder ein Kartenspiel hätten weihnachtliche Bescherungsfreude ausgelöst, aber wir waren so unverhofft in diese Situation gestolpert, dass wir nichts Schenkbares bei uns führten.
Ich fand den Abend in erster Linie bedrückend. Diese Leute hatten nichts, wobei sie durch den Besitz der Pferde und Hühner sowie durch das Einkommen durch gelegentliche Übernachtungsgäste und Susannas Arbeit sogar noch zu den wohlhabenden Familien des Dorfes gehörten. Aber die Erfüllung ihrer Wünsche blieb den Kindern verwehrt. Kein Spielzeug, kein Musikinstrument, keine Perspektiven. Susanna verkaufte nebenher auch Bildbände über Peru, die uns die Kinder stolz zeigten. Während wir, die reichen Touristen von weit weit weg, viele dieser Naturwunder schon gesehen hatten oder noch sehen würden, blieben den Kindern nur die Fotos, um die Schönheit ihres Landes zu bestaunen. Vielleicht fühlte ich mich deshalb unwohl, weil ich ohne jeglichen Verdienst auf der Haben-Seite des Lebens geboren wurde. Zack: Hier hast du eine schöne Frau, Gesundheit, ein tolles Elternhaus und genug Geld, um deine Begabungen zu nutzen und die Welt zu entdecken. Und Zack: Du bekommst eine Plasteflasche, einen toten Vater, eine Handvoll Dreck und ..., na, das reicht doch eigentlich. So unausgewogen wie Glück und Wohlstand verteilt sind, scheint auch Gott mit einer Streichholzschachtel zu würfeln. Maria hingegen faszinierte das Lebensglück, das

vor allem die Kinder ausstrahlten. Die Hingabe, mit der der kleine Gitarrist seine Plasteflasche malträtierte und der Eifer, mit dem die Kinder beim Wasserholen, Hahnschlachten und so weiter ihrer Mutter zu Hand gingen, die leuchtenden Augen, wenn sie stolz vom peruanischen Fußballer Claudio Pizarro erzählten oder sich auf die Suppe aus Hühnerblut freuten. Die Kinder schienen gar nicht zu wissen, dass es ihnen nicht gut ging. Man kann diese Menschen gleichermaßen bemitleiden und bewundern. Maria hatte sich für das Bewundern entschieden, ich deckte die Mitleidsschiene ab. Vermutlich verdienen sie eher Bewunderung, denn diese Menschen leiden nicht. Aber da man selbst so ein Leben nur mit viel Murren und Selbstmitleid führen könnte, beleidigt man diese Menschen auch noch mit seinem überflüssigen Mitleid anstatt zu erkennen, wie sehr uns diese Menschen überlegen sind. Wahrscheinlich verdienen wir ihr Mitleid.

Tschüss, ihr reichen Europäer,
Claudius

Nein zum Antisemitismus, aber es gibt trotzdem völlig bescheuerte Israelis

Liebe Leser,

Klischees sind stets mit großer Vorsicht zu genießen. Zuviel davon vernebelt das Urteilsvermögen. Dennoch kann ein Klischee einen wahren Kern beinhalten beziehungsweise eine existierende Tendenz innerhalb einer Bevölkerungsgruppe aufzeigen. Dass sich zum Beispiel das Umweltbewusstsein des durchschnittlichen Ecuadorianers in dessen individuellem toten Winkel befindet, ist ein Klischee, das selbst gebildete Ecuadorianer widerspruchslos unterschreiben würden. Dünn und rissig wird hingegen das Eis, auf dem man spaziert, wenn man sich erkühnt, sich in ähnlicher Form über Juden oder Israelis zu äußern. Spätestens seit Martin Walser mal wieder Antisemitismus vorgeworfen wurde, nachdem er dem aus meiner Sicht unerträglich arroganten Marcel Reich-Ranicki mit „Der Tod eines Kritikers" eine literarische Ohrfeige verpasst hatte, ist mir klar, dass man Juden und Israelis nicht wie normale Menschen behandeln darf. Dabei ist diese Art der Extrabehandlung[7] auch eine seltsam verquere Art des Antisemitismus. Auch Juden haben ein Recht auf ihre Klischees und auch Juden dürfen aufgrund individueller Charakterschwächen kritisiert werden. Michel Friedman beispielsweise als nett zu bezeichnen, ist schon fast ein Grund für eine

[7] Das Wort „Sonderbehandlung" verbietet sich ja schon wieder – wie kontaminiert selbst unsere Sprache ist!

Verleumdungsklage. Ein arroganter Deutscher ist ein arroganter Deutscher und ein arroganter Jude ist ein arroganter Jude! Charakterschwächen sind nämlich tolerant und kennen keine kulturellen oder nationalen Grenzen. Da wir nun aber in einem Land leben, in dem aufgrund der geschichtlichen Bürde viele bei dem Wort Jude nervös zusammenfahren und Hakenkreuze wittern, möchte ich noch einmal klarstellen: ICH HEGE KEINERLEI ANTIPATHIEN GEGEN MENSCHEN JÜDISCHER ABSTAMMUNG. Oder, um einen der großen Nachtwächter des 20. Jahrhunderts zu zitieren: „Ich liebe doch alle Menschen!" Aber dieses hat sich zugetragen:
Immer wieder hörten wir auf unserer Reise vom Klischee des anstrengenden, lauten und schwierigen israelischen Gruppentouristen. Als Deutscher zuckt man dann zusammen, versucht zu relativieren, sucht beim Gegenüber nach fragwürdigen Symbolen an der Kleidung und denkt vor allem: Das darf man doch nicht! Esteban erzählte uns beispielsweise auf unserer Dschungeltour, die schlimmsten Erfahrungen habe er mit israelischen Gruppen gemacht, da diese meistens soviel Lärm produzierten, dass der Fluss zur tierfreien Zone wurde. Esteban lebt in seiner abgeschiedenen Dschungelwelt und weiß vermutlich nicht einmal, was Antisemitismus ist. Ein Freund aus Spanien warnte uns nach eigenen Erfahrungen davor, in der bolivianischen Salar de Uyuni, die nur in einer geführten Tour zu besuchen ist, in eine Gruppe mit Israelis zu geraten. Sicherlich, ich gehe vorher zum Tourenanbieter und sage: „Entschuldigung, ich bin Deutscher und ich möchte bitte keine Israelis in meiner Gruppe haben!" Könnte zu Missverständnissen führen. In regelmäßigen Abständen wurden wir mit solchen Geschichten konfrontiert. Was will man machen? Man schluckt die Klischeepillen, wundert sich über ihren Geschmack und realisiert nebenbei, dass Menschen anderer Nationen offenbar gar nicht wissen, dass man sich über Israelis nicht

genauso ärgern und wundern darf, wie über andere Erdenbürger. Und dann hatten wir unsere eigene israelische Begegnung der dritten Art:
Wir waren von Huaraz aufgebrochen, um mit unserem Zelt der am Fuß eines Gletschers gelegenen Laguna 69 einen Besuch abzustatten und anschließend drei Tage lang den Santa-Cruz-Trek zu wandern, der durch den imposanten Höhenzug der Cordillera Blanca verläuft. Wie so oft kann man diesen Weg allein oder als geführte Tour in Angriff nehmen. Auf einer geführten Tour schleppen Esel normalerweise das Gepäck und wenn man am Lagerplatz ankommt, steht bereits das Schlafzelt für die Nacht, das Kochzelt und, kein Witz, ein kleines Klozelt. Geht man die Sache alleine an, benötigt man sehr warme Schlafsäcke, ein Zelt, Essen, Kocher, kurzum pro Person eine große Kraxe. In Yungay, wo wir ein Taxi zum Wanderstartpunkt nehmen wollten, trafen wir sie: zwei Mittzwanziger, die wirkten, als hätten sie Aufputschmittel und Beruhigungspillen wahllos durcheinander eingeworfen und sich anschließend im dadurch entstandenen Gehirnsmog verlaufen. Nachdem sie einen Taxifahrer abgekanzelt hatten, da dieser kein Englisch sprach, betraten wir die Szenerie, um mit unseren sprachlichen Kompetenzen die wirre Ratlosigkeit auf ihren Gesichtern etwas zu lichten. Es stellte sich nun heraus, dass ihr eigenes Englisch allenfalls ein grammatikarmes Gestammel war. Wie kann man mit so einer maroden Sprachbasis anderen Leuten vorwerfen, der englischen Sprache nicht mächtig zu sein? Sie waren auf der Suche nach Coca Cola, soviel war dem Kauderwelsch zu entnehmen. Die beiden wollten offenbar auf den Santa-Cruz-Trek und zwar auf eigene Faust. Mit einem kleinen winzigen Tagesrucksack, mehr hatten sie nicht dabei, auf eine drei- bis viertägige Wanderung. Ohne Zelt, ohne Schlafsäcke, ohne alles. Viel Spaß beim Erfrieren, dachten wir. Sie wussten nicht einmal, wie das Dorf hieß, in dem der Weg anfing. Frei

nach dem Motto „Ich hab keine Ahnung wo wir sind, aber is prima hier!“. Mein Sympathie-Radar ist bei Erstbegegnungen sehr sensibel. Bei den beiden war er voll im roten Bereich. Desinformiert, aufgeblasen und dabei noch ein bisschen unheimlich. Die zwei im Nachbarzelt zu wissen, hätte die Schlafqualität deutlich gemindert. Später im Taxi meinten wir spaßhaft zueinander, das müssten jetzt eigentlich allen Erzählungen nach Israelis gewesen sein. Als der Taxifahrer uns dies bestätigte, waren wir doch reichlich baff. Unsere kontaktierte israelische Stichprobe war offenbar die Speerspitze der israelischen Klischeefraktion. Zwei Tage später trafen wir die beiden wandelnden Drogendepots noch einmal. Wir genossen gerade die Aussicht vom höchsten Pass des Santa-Cruz-Treks und ahnten nichts Böses. Und da waren sie wieder! Sie hatten offenbar doch Anschluss an eine organisierte Gruppe gefunden. Diese hatte den Pass allerdings schon eine gute Stunde zuvor passiert und die beiden waren nun in Begleitung eines bedauernswerten Guides unterwegs, der die Erschöpften bis zum Tagesende wieder mit der Gruppe vereinen sollte. Einen der beiden Israelis hatte man auf ein Pferd gesetzt, wo er hin und her schaukelte wie ein halbvoller Hirsesack. Don Quijote wird auf seiner Rosinante nach dem Windmühlenkampf eine ähnliche Grazie ausgestrahlt haben. Da hatten die beiden großspurigen Gesellen im Santa-Cruz-rek wohl ihren Meister gefunden. Tja, was lernen wir daraus? Jede Nation hat ihre Blindgänger und Israel scheint seine zum Entschärfen nach Südamerika zu schicken. Habe übrigens gerade auf einer seriösen Internetseite gelesen, dass ein Großteil der Israelis nach dem extrem harten und langen Wehrdienst in die Welt zieht, um das Ende des Wehrdienstes und die damit einhergehende Freiheit zu feiern. Das erklärt einiges, aber rechtfertigt es natürlich nicht.

Aber zurück zur Laguna 69, wenn ihr euch noch erinnert. Der Blick auf die weißen Giganten der Cordillera Blanca während unseres Aufstiegs war unglaublich. An einem Bach entlang ging es durch ein sich immer mehr verschlankendes Tal aufwärts bis schließlich ein schweißtreibender Aufstieg uns zum ersehnten Gletschersee brachte. Die Umgebung kann noch so schön sein – wenn die eigenen Sinne nicht auf Empfang gestellt sind, nützt das rein gar nichts. Ich sehnte mich danach, mit ein paar Freunden ein paar Becks wegzuzwitschern, ein Konzert auf einem echten Instrument zu spielen oder einfach irgendwo zu sitzen und mit leerem Blick eine ebensolche Wand anzustarren. Stattdessen stiefelte ich hier mit einer schweren Kraxe bergauf, einer vermutlich eiskalten Nacht in einem winzigen Zelt entgegen. In solchen Momenten lasse ich mich einfach in Ruhe. Mich davon zu überzeugen, wie schön es hier ist und wie viele zu Hause gern mit mir tauschen würden, zündet dann nicht. Ich betrachte mich dann mit einem leicht ironischen Grinsen und warte, bis sich der innere Taubert wieder im Einklang mit seiner Umgebung befindet. An der Laguna 69 angekommen, war ich dann auch schon wieder so weit, diesen prachtvollen Ort auf mich wirken zu lassen. Kein Tourist war so blöd, in dieser Kälte auf über 4600 Metern Höhe zu zelten und so hatten wir die Landschaft für uns. Ein türkisfarbener, von einem kleinen Wasserfall gespeister Gletschersee, über dem der mächtige Chacraraju sein schartiges, wettergegerbtes Gesicht in den Abendhimmel reckte. Die Nacht verlangte unseren Schlafsäcken einiges ab. Das Kondenswasser im Zelt hatte sich morgens in eine dünne Eisschicht verwandelt und bevor wir nach dem Frühstück die Kaffeereste aus unseren Tassen waschen konnten, waren diese bereits gefroren. Selbst der kleine Wasserfall war über Nacht zu Eis erstarrt. Leider hatten wir kein Thermometer dabei, um jetzt auch noch mit exakten Minusgraden protzen zu können.

Nach dem Abstieg von der Lagune zur „Straße" genannten Dreckpiste verbrachten wir zwei Stunden stehend in einem nach Knoblauch stickenden, klapprigen Bus und konnten endlich in Vaquería den Santa-Cruz-Trek beginnen. Der nach dem Inkatrail am zweithäufigsten begangene Wanderweg Perus war fast menschenleer. Ein- bis zweimal am Tag kam uns eine geführte Gruppe mit Eseln, Treibern und Guides entgegen, aber alles in allem hatten wir das vergletscherte Panorama für uns. Das erste abendliche Lagerfeuer wurde empfindlich durch eine heranschwirrende Käferkompanie gestört, die sich, plötzlich einfallend, auf Pullover, Jacke, Haar und auch sonstwo niederließ. Weiter gibt es leider nichts Desaströses zu berichten. Die Käfer waren weder giftig noch hatten sie Lust uns zu beißen und aufgrund ausreichender Akklimatisation war auch der Punta-Uniòn-Pass von 4750 Metern Höhe kein Problem. Alles war beeindruckend und perfekt und das macht mir erzählerische Schwierigkeiten. Ihr glaubt gar nicht, wie sehr ich mich über meine Höhenkrankheit und meinen Hängemattensturz gefreut habe! Natürlich zeitlich leicht versetzt. Aber Harmonie und Schönheit in Worte zu kleiden, ohne dass diese belanglos vor sich hin plätschern, ist verblüffend schwer. Ein Musikstück ohne Dissonanzen hört sich schließlich auch oft fad an. Ehe ich nun also im Synonymwörterbuch nach weiteren wohlklingenden Worten für Gletscher, Berg und Schönheit suche, lasse ich lieber Hermann Hesse sprechen. Ein Hesse-Zitat war schon lange fällig und dieses spiegelt nicht nur den Kern der Santa-Cruz-Wanderung wieder, sondern entspricht gleichzeitig auch einer inhaltlichen Grundfeste unserer Reise:

„Der Mensch, so wie ihn Gott erdacht und wie die Dichtung und Weisheit der Völker ihn manche tausend Jahre lang verstanden hat, ist geschaffen mit einer Fähigkeit, sich zu freuen an Dingen, auch wenn sie ihm nichts nützen, mit einem Organ für das Schöne. An der

Freude des Menschen am Schönen haben stets Geist und Sinne in gleichem Maße teil, und solange Menschen fähig sind, sich mitten in den Drangsalen und Gefährdungen ihres Lebens solcher Dinge zu freuen: eines Farbenspiels in der Natur oder im gemalten Bilde, eines Anrufes in den Stimmen der Stürme und des Meeres oder einer von Menschen gemachten Musik, solange ihnen hinter der Oberfläche der Interessen und Nöte die Welt als Ganzes sichtbar und fühlbar werden kann, worin vom Kopfdrehen einer spielenden jungen Katze bis zum Variationenspiel einer Sonate, vom rührenden Blick eines Hundes bis zur Tragödie eines Dichters ein Zusammenhang, ein tausendfältiger Reichtum an Beziehungen, Entsprechungen, Analogien und Spiegelungen besteht, aus deren ewig fließender Sprache den Hörern Freude und Weisheit, Spaß und Rührung zuteil wird – solange wird der Mensch seinen Fragwürdigkeiten immer wieder Herr werden können, denn der ‚Sinn' ist ja eben jene Einheit des Vielfältigen, oder doch jene Fähigkeit des Geistes, den Wirrwarr der Welt als Einheit und Harmonie zu ahnen."

Hermann Hesse

Winnetou, Mister Dreadlock und die Nagelbettvereiterung

Liebe Leser,

Cusco war einst Dreh- und Angelpunkt des mächtigen Inkareichs, das sich zeitweise bis ins heutige Chile und Ecuador erstreckte. Die Stadt muss im Lichtmeer aus Gold- und Silberprunk förmlich ertrunken sein. Die Spanier jedoch pflückten und zerrieben diese prächtig schimmernde Blüte inkaischer Baukunst im Handumdrehen.[8] Die Paläste und Tempel der Inkas wurden durch die Spanier weitgehend zerstört. Zum einen, um die Steine für den Bau katholischer Kirchen zu verwenden, zum anderen, um jede Erinnerung an den Sonnenkult der Inkas zu tilgen. Wenn eine Idee oder Religion sich nur mit Gewalt und dem Ausmerzen anderer Glaubensformen durchsetzen kann, sagt das einiges über ihre Substanz und Überzeugungskraft aus. Peinlich für die spanischen Architekten war allerdings, dass diese gottlosen Inkas im Gegensatz zu ihnen wussten, wie man erdbebensicher baut. Die Inkas hatten nämlich ein System entwickelt, bei dem riesige Steinquader (bis zu 42 Tonnen pro Stein) passgenau nur durch Steinnasen und entsprechende Vertiefungen fugenlos miteinander verzahnt wurden. Diese Konstruktion gewährte den Mauern genügend Elastizität, um bei einem Beben mitzuschwingen. Und so kam es, dass die spanischen Gotteshäuser immer wieder von Erdbeben umgepustet wurden, während die heidnischen Reste der Inkamauern, die der Abrisswut der Spanier getrotzt hatten, auch den

---

[8] Mann, habe ich heute wieder große Sprechblasen gefrühstückt!

Erdbeben trotzten. Da allerdings die Spanier, trotz meiner Ressentiments gegen ihre uncharmante Art der Christianisierung, ein Händchen für optisch ansprechende Baukunst hatten, ist das heutige Cusco mit seinen Kirchen und Gebäuden im Kolonialbaustil in jedem Fall einen Besuch wert. Wir haben, unterbrochen durch einen längeren Ausflug zu diversen Inkaruinen, hier verblüffend viel Zeit verbracht und auch verblüffend viel Geld gelassen. Da ich chronologisch nicht mehr durchblicke, breche ich einfach wahllos und unsystematisch Steinchen aus dem Mosaik.

Maria fällt es schwer, mal ein bis zwei Tage kerngesund zu sein. Bereits im Verlauf der Kuelapwanderung bildete sich langsam ein Problem heraus, das der Mediziner liebevoll Panaritium nennt. Der Laie begnügt sich mit Nagelbettvereiterung. Während des Santa-Cruz-Treks wurde deutlich, dass ein Arztbesuch unumgänglich war. Ich habe diese Info in der letzten Mail frech zurück gehalten, weil sonst mein schönes Hesse-Zitat nicht mehr gepasst hätte. Der Chirurg der privaten Poliklinik in Cusco war laut Maria sehr nett und operierte ihr sehr freundlich ein Stück des Zehennagels weg. Die Narkose direkt unter den Nagel muss sehr schmerzhaft gewesen sein. Ansonsten war Maria mit ihrem Kollegen zufrieden. Für mich hatte das Ganze zwei positive Aspekte. Zum einen blieben wir nun drei entspannte Tage länger in Cusco – Zeit zum Lesen, Schlemmen, kurzum ein bisschen Urlaub vom Urlaub. Zum anderen war ich nun für einige Tage deutlich schneller unterwegs als die humpelnde Maria, was mir liebevolle Kommentare wie „Kommst du?“ ermöglichte.

Cusco platzt vor lauter kleinen, gemütlichen Kneipen aus allen Nähten, in denen man Pisco sour trinken und Livemusik genießen kann. Pisco sour ist der peruanische Nationalcocktail und setzt sich aus Traubenschnaps, Limonensaft, geschlagenem Eiweiß, Zucker und einem

Hauch Zimt zusammen. Schmeckt ein bisschen wie Caipi, aber anders. In einer dieser besagten Kneipen namens Nuna Machay habe ich ein Konzert gegeben. Fast! Zu Beginn unserer Cusco-Zeit genossen wir dort exzellente heiße Schokolade und eine Zwei-Mann-Band, bis mir der musikalische Übermut die Barthaare zwirbelte und ich bei „I Shot the Sheriff" ungefragt eine zweite Stimme krakeelte. Die Jungs waren open minded und ich ergänzte die folgenden Lieder mit meinem Gringostimmchen vom Platz aus. Am nächsten Abend trafen wir den Kneipenwirt, einen stets leicht schwebenden Typen mit Dreadlocks, zufällig in einem anderen Etablissement. Er war sehr euphorisch und meinte, ich müsse unbedingt in seiner Kneipe singen. Er wollte sich um ein Keyboard kümmern und Donnerstag sollte ich dann allein ein kleines Minikonzert bestreiten. Ja, ich weiß schon. Es war spät und seine Dreadlocks deuteten schon an, dass sein Versprechen vielleicht nicht nur in Alkohol eingelegt war. Aber bei mir wurden die Pawlowschen Reflexe ausgelöst. Ich sabberte. EIN KEYBOARD! Zwei Seelen stritten ach in meiner Brust. Eine sagte: „Das glaubst du doch selber nicht!" Die andere hatte eine Speichelflussstörung. Ich druckte mir per Internet einige Liedtexte aus und als wir am Donnerstag vom Machu Picchu zurückkamen, sauste ich sofort zum Ort meines zukünftigen Triumphes, um zu fragen, ob alles klar geht. Der Laden war zu. Mister Dreadlock hatte sich, vielleicht aufgrund eines schlechten Trips, spontan entschlossen heute nicht zu öffnen. Aber so schnell gibt ein taubertscher Wadenbeißer nicht auf. Freitag stand ich wieder auf der Matte. Eine andere Band stand auf der Bühne und der Sänger, der verdächtig nach Winnetou aussah, gab mir das Mikrofon für drei Titel ab. Immerhin. Gejammt mit einer Band aus Peru. Aber Genügsamkeit stand nie als Charakterbeschreibung auf meinem Zeugnis und Winnetou meinte, er könne mir für morgen ein Keyboard besorgen. Mister Dreadlock sagte, er

habe für Samstag noch keine Band und ich hätte also freie Bahn. Eine neue Woge der Hoffnung schwappte durch meine gebeutelte Musikerbrust. Am Samstagabend stand ich, die Penetranz in Reinkultur, wieder vor Mister Dreadlock, der mir offerierte, dass die Band, die eigentlich für heute abgesagt hatte, jetzt SPONTAN doch wieder zugesagt hätte. Aber ich könne ja mitspielen. Winnetou, der auch zugegen war, war auch bereit, das Keyboard zu holen. Aber ich hatte mich zu sehr auf einen Abend gefreut, bei dem ich die vier bis zehn Gäste des Pubs von meiner musikalischen Brillanz überzeugen konnte, statt jetzt vielleicht bei „Stand by me" Klangflächen beizusteuern. Gemein, wenn der Traummann Fidibus immer aufpasst, dass man den Schluss von einem schönen Traum versäumt. Aber, was will man machen? Vielleicht klappt es ja in Bolivien.
Der Cusco-Abschnitt war eine Phase, in der das Tourist-Sein das Mensch-Sein fast völlig übertünchte: Inkaruinen besichtigen, ständig viel und gut essen, abends Cocktails pitschern, Postkarten verschicken und Bilder einheimischer Maler kaufen. Da darf die Besichtigung des Machu Picchu natürlich nicht fehlen. Ich hätte mich am liebsten geweigert. Kein Ort Perus ist so überlaufen und so ausgeleiert wie diese, zugegeben erstaunlich gut erhaltene, Inkastadt. Aber man heiratet schließlich nicht, um hinterher immer seinen Kopf durchzusetzen. Na ja, bei mir klappt es zumindest nicht sehr oft. Aber auf den Inkatrail, der nur geführt gemacht werden darf und inzwischen ziemlich zugemüllt sein soll, hatten wir beide keine Lust. Dann blieb nur der teure Zug nach Aguas Calientes und von diesem Touristenort dann zu Fuß oder per Bus die 500 bis 600 Höhenmeter aufwärts zum Standardfotomotiv jedes Perutouristen. Wenn man das ganze Unterfangen nicht als teures Paket bei einer Touristenagentur buchen will, geht das Organisieren los. Eintrittstickets für Machu Picchu kann man nämlich

schwachsinnigerweise nicht direkt vor Ort kaufen, sondern muss diese vorher anderswo erwerben. Das einzige Anderswo, das die Tickets ohne Aufpreis in Cusco verkaufte, lag so versteckt, dass es uns zwei Stunden kostete, dieses ausgezeichnet getarnte Büro ausfindig zu machen. Wir erreichten Aguas Calientes spät abends und stellten den Wecker auf 4:15 Uhr, um vor der Öffnung der Anlage gegen sechs Uhr bereits vor Ort zu sein. Die Idee hatten auch andere und so kämpften wir uns in einer Touristenschlange die 1750 Stufen zum Machu Picchu empor. Ich war müde, umgeben von Touristen und zu allem Überfluss raste Maria so schnell treppauf (das war noch vor ihrer OP), dass mein T-Shirt oben aussah, als wäre ich in einen Bach gefallen. Da ich genialerweise kein Wechsel-T-Shirt dabei hatte, schlüpfte ich in mein Schlafanzugoberteil. Ich muss verdammt sexy ausgesehen haben. Wenigstens betraten wir unter den ersten fünfzig Touristen die Ruinenstadt und da gab es noch so etwas wie Atmosphäre. Der im Hintergrund der Stadt aufragende Berg Wayna Picchu sieht aus wie das Gesicht eines schlafenden Inkas und die Architektur zollt selbst einem absoluten Nichtstatiker wie mir Respekt ab. Aber als gegen zehn Uhr die ersten Busladungen ausgeschüttet wurden, war es für mich aus. Aufgrund der Nebensaison war es nicht so schlimm wie befürchtet, aber völlig ausreichend. Ich kann jetzt sagen „Ich war da“ (und neben mir noch viele andere), aber die viel beschworene Magie dieses Ortes wurde von vielen kleinen eifrig umherhuschenden Touristenfüßchen zertrampelt. Da finde ich im kleinen Wäldchen hinter meinem Heimatdorf eher zum Einklang mit dem Universum. Lieber allein mit einer schief gewachsenen Kiefer, als im Blitzlichtgewitter einer Reisegruppe auf Machu Picchu. Gelobt sei die Einsamkeit, wenn sie freiwillig und nicht von Dauer ist.

Bis bald,
der Reisende

„Religionen sind zu schonen“ (?)

„Nimm Isaak, deinen einzigen Sohn, den du lieb hast und geh hin in das Land Morija und opfere ihn dort zum Brandopfer auf einem Berge, den ich dir zeigen werde.“

1. Mose 22,2

Liebe Leser,

nach Cusco führte unsere Route nach Arequipa. Dort besichtigten wir im Museum den fünfhundert Jahre alten Leichnam des Inkamädchens Juanita. Sie war, gerade einmal dreizehn oder vierzehn Jahre alt, in einer religiösen Zeremonie auf dem Vulkan Ampato geopfert worden. Man hatte sie mit *chicha* in einen ohnmachtsähnlichen Schlaf versetzt und ihr anschließend mit einem Hieb die Schädeldecke zertrümmert. Aufgrund der eisigen Kälte auf dem über 6000 Meter hohen Vulkan blieb ihr Körper ausgezeichnet erhalten und der Hergang der Opferhandlung war rekonstruierbar. Oberflächlich betrachtet eine sinnlose Barbarei, aber so simple Brötchen wollen wir heute mal nicht backen.
Bei Klimakatastrophen (das Wetterphänomen El Niño existierte auch damals schon) oder vor kriegerischen Auseinandersetzungen war es für die Inkas essentiell, die Götter milde zu stimmen. Denn wie im Alten Testament waren für schreckliche Unwetter, Dürreperioden und den Ausgang einer Schlacht ausschließlich die Götter beziehungsweise Gott zuständig. Die himmlischen Regenten ließen sich traditionsgemäß am besten durch Opfergaben besänftigen. Allerdings verlangten große Erwartungen auch große Opfer. Die Inka-Götter der grauen Vorzeit wussten es besonders zu schätzen, wenn man ihnen als Liebesbeweis das gab, was einem am Kostbarsten war: die eigenen Kinder. Diese Denkweise

findet sich vereinzelt sogar im Alten Testament zum Beispiel bei der Beinahe-Opferung von Isaak durch seinen Vater Abraham oder als Jefta nach einem hirnrissigen Versprechen und einer gewonnen Schlacht seine einzige Tochter opferte. Die Inkas waren, ebenso wie Jefta und Abraham, bereit, ihr Ein und Alles den Göttern als Opfer darzubringen. Daher wurden aus den Familien der oberen Schicht körperlich makellose Kinder ausgewählt, die dann in einer Art Klosterschule auf ihren Opfertod vorbereitet wurden. Die Kinder wussten, dass ihr Leben durch die Opferung frühzeitig beendet werden würde und waren vermutlich nach der religiösen Indoktrinierung sogar stolz, auserwählt zu sein, um ihr Volk vor dem Zorn der Götter zu retten und nach dem Opfertod in die Götterwelt aufgenommen zu werden. Das Mädchen Juanita wurde also nicht gewaltsam auf den Opferberg geschleift, sondern ging vermutlich freimütig und sendungsbewusst ihrem Tod als „Opferlamm“ und ihrer damit einhergehenden Vergöttlichung entgegen. Also alles gar nicht so schlimm, denn die Kinder starben freiwillig und ihre Eltern konnten schließlich nichts für ihr verschobenes Gottesbild? Phasenweise bin ich tatsächlich versucht, solche absurden Handlungsweisen in ihrem historischen und religiösen Kontext verstehen und rechtfertigen zu wollen. Aber wenn man im Zusammenhang mit Juanitas freiwilligem Tod an den Gruppenselbstmord der Sonnentemplersekte, die Selbstmordattentäter des 11. September oder die Witwenverbrennung im alten Indien denkt, spürt man den blutigen Beigeschmack religiösen Wahnsinns und es wird zumindest mir klar, dass die Ehrfurcht vor dem Leben wichtiger ist als religiöse Toleranz um jeden Preis, historische Bedingtheit hin oder her. Religion ist eine hervorragende Medizin für die Widrigkeiten des Lebens, birgt aber bei falscher Einnahme die Gefahr verheerender Nebenwirkungen. Diese Nebenwirkungen, nicht die Religionen, sollte man mit aller

medizinischen Sachkenntnis bekämpfen.
Mmh, besonders lustig war es diesmal nicht, aber vielleicht interessant?

Friede sei mit euch,
Claudius

Der Dieb, der aus Müllhausen kam

Liebe Leser,

ihr hängt ganz schön hinterher! Allerdings unverschuldet. Alles, was ich in letzter Zeit schreibe, steht unter der Präambel „Es war einmal", denn wir sind jetzt schon geraume Zeit in Bolivien, während ihr euch noch in der Illusion von Aktualität durch die Peru-Abenteuer lest. Inzwischen war ich schon im Knast und Maria ist von ausgebufften Gaunern ausgeraubt worden. Aber für diese Episoden bin ich noch auf der Suche nach scharf geschliffenen Formulierungen und exakt ausbalancierten Satzstrukturen. Erstmal also arbeite ich noch erlebte Altlasten aus Peru ab und ihr müsst euch noch ein paar Tage gedulden, bis ihr temporär aufrücken könnt.

Der Cotahuasi-Canyon ist mit 3535 Metern der tiefste Canyon der Welt. Selten waren wir derart wissensklamm, denn damit erschöpften sich die Informationen unseres Reiseführers und des Internets weitgehend. Bereits die zehnstündige Busfahrt zum Canyon geriet erzählenswert. Ein Flugzeug in Turbulenzen, ein Fischkutter in taumelnder See, ein Bus auf dem Weg nach Cotahuasi. Gegen halb zwei nachts verebbte das wilde Schaukeln abrupt, denn eine Gesteinslawine blockierte die Weiterfahrt. Die Fahrgäste des Busses durften nun kostenlos an der Gruppenaktivität Steine-Schleppen teilnehmen. Auch ich machte mir meine feingliedrigen Pianistenfinger schmutzig. Die Gesteinsbrocken waren teilweise so mächtig, dass wir sie auch zu fünft nicht angehoben bekamen. Nachdem ein eifriger Peruaner den größten Steinen mit einer Spitzhacke zu Leibe gerückt war, konnte es jedoch weiter gehen und wir erreichten gegen drei Uhr morgens das Dorf Cotahuasi, Ausgangspunkt unserer illustren Unternehmungen. Der Besitzer unseres

hostals, ein dicker, gemütlicher, bebrillter Teddybär war zu unserem Glück heimatkundig und versorgte uns mit den nötigen Informationen. Zunächst beschlossen wir, nach einer kleinen Mütze Schlaf, in den Canyon abzusteigen und den Süden der Schlucht zu erkunden. Dort verjüngt sich der Canyon zusehends und die fast vegetationslosen Felswände schimmern in einem famosen Farbspektrum. Die Touristenarmut war erquickend und dank der dünnen Besiedlung des südlichen Canyons störte nichts und niemand unsere Kreise. Schließlich erreichten wir die Sipia-Wasserfälle. Der Fluss, der den Canyon von Norden nach Süden durchschneidet und originellerweise auch Cotahuasi heißt, stürzt hier in eine plötzlich aufreißende Felsspalte. Bestimmt gibt es eine Legende über einen Riesen, der hier sein untreues Eheweib mit der Axt spaltete und dabei dem Canyon diese felsige, klaffende Wunde schlug. Nachdem wir eine märchenhafte, nächtigungsgeeignete Stelle mit Wasserfallblick ausfindig gemacht hatten, stellten wir fest, dass JEMAND seinen Pullover das letzte Mal am mittäglichen Rastplatz gesehen hatte. Ich nenne bewusst keine Namen, um Maria nicht zu kompromittieren. Da ich jedoch ehrenamtlich auch als selbstloser Retter tätig bin, legte ich Maria den Pullover nach anderthalb Stunden Zusatzwanderung meinerseits wieder zu Füßen. Den Satz „Den Dank, Dame, begehr ich nicht!" klemmte ich mir, denn den begehrte ich ...
Am nächsten Tag gestaltete sich nach eindrucksvollen Ausblicken in das schartige Gesicht des Canyons und dem Durchwandern eines Kakteenwaldes die Zeltplatzsuche schwierig. Auf der anderen Seite des Flusses erspähten wir eine ebene und ansprechende Sandfläche. Eine alte Hängebrücke aus teilweise recht morschen Ästen gab es auch, aber danach wurde es heikel. Der Uferabschnitt, der zwischen Brücke und ersehntem Zeltplatz lag, war eine steil abfallende Felswand, an der Reste eines Weges auszumachen waren. Wie gesagt, Reste! An mehreren

Stellen war das Steinfundament weggebrochen und was übrig war, schien nur auf einen barmherzigen Tritt zu warten. Maria wollte es trotzdem versuchen, aber ich fahre nicht mit meiner Frau nach Südamerika, um dann ohne sie wieder nach Hause zu kommen. Das macht ja keinen Sinn. Ich habe es ihr regelrecht verboten und siehe da, es hat funktioniert.[9] Wir mussten also auf unserer Uferseite nahe des Weges und nahe einiger einheimischer Hütten das Zelt aufschlagen. Unseren prall gefüllten Müllbeutel legten wir, durch einen Stein gesichert, vor das Zelt. Es sollte das letzte Mal sein, dass wir ihn sahen. Am nächsten Morgen war er weg. Gestohlen! Hunde oder Füchse waren auszuschließen, denn der Sicherungsstein war relativ schwer und es lagen außerdem nirgends Beutel- oder Müllreste herum. Der Dieb konnte im Dunkeln vermutlich nicht sehen, was er da Schönes stahl und seine Frau hat ihm bestimmt den Arsch versohlt, als er seinen Diebesbeutel stolz auf dem Küchentisch entleerte. Herzlichen Glückwunsch! Sie sind soeben zum dümmsten Dieb des Jahres gekürt worden.
Der dritte Canyon-Tag war von Nöten, um mit diversen Bussen das Dorf Puyca im Norden des Canyons zu

[9] So abgeschwächt wurde die Episode in der ursprünglichen Rundmail dargestellt, um die Nerven von Marias Eltern und Großeltern nicht über Gebühr zu strapazieren. In Wirklichkeit war Maria bereits samt schwerer Kraxe auf die vage Erinnerung eines Pfades geklettert und wurde von mir regelrecht angeschrien, um sie am Weitergehen zu hindern. Ich hatte solche Angst um sie, dass ich ihr tatsächlich Schläge androhte, wenn sie nicht sofort da herunter käme. Völlig absurd, aber wenigstens begriff sie so, wie ernst es mir war. Beim Abstieg rutschte sie weg und stieß einige lose Steine in den Abgrund. Spätestens da wurde ihr bewusst, dass sie vielleicht schon bessere Ideen gehabt hatte. Sie musste mir schließlich die Kraxe herunter reichen, um auf dem lockeren Geröll nicht das Gleichgewicht zu verlieren. Mann, da macht man was mit!

erreichen. Die „Straßen“ sind nicht mehr als ungesicherte Feldwege, gerade breit genug für ein Fahrzeug und daneben gähnt der Abgrund und er gähnt sehr tief. Von Puyca wollten wir am nächsten Tag eine ein- bis zweitägige Wanderung zu den Geysiren unternehmen. Die Zeitangaben der Einheimischen schwankten zwischen zwei Stunden und Tagesausflug. Wenn das mal nicht hilfreich ist! Im Rückblick auf diesen Tag bin ich dankbar für das Privileg, nicht in die Zukunft sehen zu können.
Der nächste Morgen. Durchfall. Ich diesmal. Das führte uns zur ersten Erkenntnis des Tages. Wir vertragen in Südamerika das Flusswasser nicht. Die Wasserbehandlung mit Micropur-Tabletten scheint zur Entkeimung nicht auszureichen, denn jedes Mal nach längeren Wandertouren sprach unser Magen-Darm-Trakt eine deutliche Fäkalsprache. Das leicht grünliche Wasser des Cotahuasi, in dem sich vermutlich auch die Abwässer der umliegenden Dörfer vereinen, war wohl genauso ungesund, wie es aussah. Aber wegen so einer Konsistenzstörung des Stuhlgangs bläst man keine Wandertour ab. Der Weg zu den Geysiren bestand wider Erwarten vornehmlich aus steilen Auf- und Abstiegen. Ein Einheimischer mit einem frisch gekauften Esel und einem Störgeräusche ausstoßenden Radio war der Meinung, dass seine Gesellschaft für uns ein großes Glück sei. Immer wieder wartete der Radio-Mann auf uns, erzählte uns dieselben Geschichten noch einmal oder versuchte, uns zu einer schnelleren Gangart anzutreiben. Als wir, gerade einmal ohne seine Begleitung, einen Pass erklommen hatten, präsentierte sich uns der letzte schöne Moment des Tages. Ein Kondor glitt mit prächtiger weißer Halskrause und aufgespreizten Flügelspitzen, die Thermik der Schlucht nutzend, mehrmals in einer Entfernung von zehn bis zwanzig Metern an uns vorbei. Majestätisch. Damit hatte wirklich keiner gerechnet. Mit dem, was danach kam auch nicht. Atemnot, Appetitlosigkeit, Schritte, die immer

kleiner und Pausen, die immer länger wurden. Alles vertraute Symptome der Höhenkrankheit und dabei waren wir (Genaues weiß man nicht) maximal auf 3700 oder 3800 Metern Höhe. Der Cotahuasi-Canyon als Cotopaxi-Reprise. Vermutlich hatte ich in den Tiefen des südlichen Canyons meine Akklimatisation verloren. Der Durchfall sekundierte diesem Dilemma hervorragend. Da ich Maria meine Männlichkeit und unverbrüchliche Stärke demonstrieren wollte, keuchte und stöhnte ich noch einige Kilometer weiter, bis mich die Kombination aus Durchfall und Höhenkrankheit schachmatt setzte. Geysires interruptus. Die Geysire waren zwar nicht mehr weit, aber für mich unerreichbar. Selbst sitzen und liegen war inzwischen anstrengend. Da sich der Weg die ganze Zeit auf einem ähnlichen Höhenniveau bewegte, schien es uns ratsam, zu einem niedrigeren Plateau nahe Puyca zurückzuwandern, um dort das Zelt aufzuschlagen. Maria flößte mir eine Elektrolytlösung ein, die mir für kurze Zeit einen kleinen Energieschub gab, aber gegen Ende war jeder Schritt Krieg mit dem eigenen Körper. Auch Maria war inzwischen aufgrund der vielen zurückgelegten Höhenmeter angeschlagen. Zwei gebrechliche Neunzigjährige, die sich in einem Anfall von sinnlosem Übermut entschlossen haben, ohne fremde Hilfe zum Dorfbäcker zu wackeln. Der letzte Pass vor dem Abstieg zum Plateau war eine Grenzerfahrung. Ich stöhnte bei jedem Schritt und brabbelte zwischendurch so geistreiche Sachen wie „Hilfe, Hilfe!“ oder „Ich kann nicht mehr!“ vor mich hin. Man lebt die ganze Zeit auf den Moment hin, in dem man den Rucksack von den schmerzenden Schultern fallen lässt und im warmen Schlafsack versinken kann. Und dann kommt der ersehnte Moment und man liegt die ganze Nacht schlaflos im Zelt anstatt die wohlverdiente Ruhe genießen zu können. Empörend! So war es jedenfalls nicht weiter schlimm, dass wir 3:45 Uhr aufstehen mussten, um den Bus in Puyca nicht zu verpassen. So

scheußlich dieser Tag auch war, es ist sehr aufschlussreich, seine Grenzen kennenzulernen. Und auch, was dahinter liegt. Ich möchte diesen Tag nicht missen, würde ihn aber ungern wiederholen.
Nachdem wir uns am fünften Tag in heißen Vulkanquellen geräkelt hatten, folgte mit Tag Nummer sechs die Spiegelung zum Puyca-Erlebnis. Nach einer zweistündigen Fahrt wollten wir vom Dorf Pampamarca den auf 4000 Höhenmetern liegenden Steinernen Wald besuchen, eine bizarre Gesteinsformation, die tatsächlich wie ein mineralischer Forst aussieht. Heute hatte Maria den Braunen Peter gezogen. Heftiger Durchfall, der offenbar wieder die Höhenempfindlichkeit verschärfte. Maria hat unser Erkenntnisse über die Höhenkrankheit im folgenden Medizinerdeutsch zusammengefasst: Mist, ich finde sie gerade nicht, die schönen Sätze. Wo sind sie nur? Also sinngemäß: Höhe und Höhenkrankheit verhalten sich nicht linear zueinander und die Höhenempfindlichkeit verstärkt sich bei körperlicher Schwächung durch andere Infekte. Sie hat das eindeutig besser formuliert. Die Höhe in Puyca hatte Maria jedenfalls nichts ausgemacht und jetzt kam sie aus dem Japsen gar nicht mehr heraus. Da Maria irgendwann stehend K.o. war, aber wollte, dass die Mission erfolgreich beendet wird, schickte sie mich allein zum Gesteinswald. Ich stöpselte mir meinen MP3-Player in die Ohren und marschierte los. Heute hatte ich mal keine Höhenprobleme und schritt, zufrieden vor mich hin singend, kräftig aus. Die von einem beinah sakralen Bläserteppich getragenen Worte „And when I die and when I'm gone, there'll be one child in this world to carry on" von Blood, Sweat & Tears und der Blick in die alles umspannende Weite des Canyons – es war wieder einmal einer dieser Momente, in denen man meint, für einen Augenblick mit Gott im selben Rhythmus zu atmen.
Nach meiner Steinwaldexkursion traf ich Maria in einem desolaten Zustand an. Sie konnte kaum fünf Minuten

gehen, ohne einen Busch aufzusuchen und musste zu allem Übel auch noch brechen. So aufgelöst und fertig hatte ich sie auf dieser Reise noch gar nicht gesehen. Zum Glück schlugen die Tabletten rechtzeitig an, so dass wir den Kleinbus von Pampamarca zurück nach Cotahuasi nehmen konnten, denn unser Geld wurde langsam knapp und in Pampamarca gab es kaum angemessene Unterkünfte, um sich auszukurieren.[10] Der junge Busfahrer, noch den Flaum des frisch Geschlüpften hinter den Ohren, war mir eine persönliche Anfechtung. Mit einer Hand war er ausdauernd damit beschäftigt, sein Radio zu reparieren, welches lediglich einen an Stockhausen erinnernden, elektronisch gurgelnden Geräuschbrei absonderte. Und dies, während er mit der anderen Hand und halber Aufmerksamkeit den klapprigen Kleinbus über den schmalen befahrbaren Streifen Dreck lenkte, neben dem das Nichts klaffte. Trotz des Busfahrers kamen wir wohlbehalten im *hostal* an und nach einem Durchfall-Fade-Out-Tag verließen wir den Canyon Richtung Bolivien, um einige Erfahrungen reicher und aufgrund des Durchfalls wahrscheinlich auch einige Gramm leichter. Ich möchte mich übrigens ausdrücklich entschuldigen, wenn manch einen die intensiven erzählerischen Ausflüge in die Welt des Darms irritieren oder sogar anwidern, aber unsere Ausscheidungsprozesse

10 Auch hier finden sich wieder kleine Verharmlosungen in der Ursprungsmail, die der engeren Verwandtschaft geschuldet waren. Die Durchfall- und Übelkeitstabletten wurden von Maria anfangs auf verschiedenen Wegen so schnell ausgeschieden, dass sie keinerlei Wirkung erzielten. Nachdem wir mit dem Busfahrer bereits etwaige Notstopps abgesprochen hatten und sich Maria mit der erniedrigenden Tatsache konfrontiert sah, neben einem voll besetzten Kleinbus ihre Notdurft verrichten zu müssen, schlugen im letzten Moment die Tabletten an. So, der Wahrheit ist Genüge getan.

nehmen nun einmal in diesem Urlaub einen immer wichtigeren Stellenwert ein.

In diesem Sinne: Gut Stuhl!
Claudius

Hinter bolivianischen Gardinen

Liebe Leser,

bevor es richtig losgeht, habe ich noch einen Nachtrag zur Antisemitismus-Mail. Kann nichts dafür, wenn einem die passenden Zitate erst später auf die Füße fallen. Ich hatte in dieser israelisch geprägten Mail sinngemäß geäußert, dass es auch eine seltsame Form von Rassismus ist, wenn man Juden, Schwarze oder Homosexuelle mit besonderer Zuvorkommenheit und Rücksicht in Watte packt, als hätten sie eine Krankheit, anstatt sie einfach wie normale Menschen zu behandeln. Das sind sie nämlich.[11] Dazu hat der schwarze Schriftsteller James Baldwin folgendes gesagt: „Immer, wenn ich an einem Kongress weißer Schriftsteller teilnehme, habe ich eine Methode, um herauszufinden, ob meine Kollegen Rassisten sind. Sie besteht darin, Dummheiten zu äußern und absurde Thesen aufzustellen. Wenn sie mir respektvoll zuhören und mich am Ende mit Beifall überschütten, dann gibt es nicht den geringsten Zweifel: es sind Scheißrassisten." Genau das habe ich gemeint.

Nun aber zu einem bolivianischen Rundumschlag. Setzt euch. Nehmt euch 'nen Keks, wie es so schön heißt. Als

[11] Während meiner Korrektur dieses Buches wurde das Gedicht „Was gesagt werden muss" von Günter Grass veröffentlicht, in welchem er Israels Außenpolitik kritisch hinterfragt. Anstatt sich inhaltlich mit dem Gedicht auseinanderzusetzen, erfolgte eine öffentliche Hinrichtung durch nahezu alle Medien. Ein gewisser Henryk Broder äußerte über Grass: „Damals war er ein SS-Mann, heute schreibt er wie einer." Ich habe mich wirklich für mein Land geschämt. Konstruktive Kritik an Israel mit Antisemitismus gleichzusetzen, spielt niemandem außer der Rechten Szene in die Hände. Wir lernen aber auch wirklich langsam, wir Deutschen.

erste touristische Amtshandlung in Bolivien besuchten wir den Titicacasee und die darauf befindliche Isla del Sol. Der Titicacasee, am höchsten gelegener, schiffbarer See der Welt, um mal wieder einen sinnfreien Superlativ zu bemühen, ist im Übrigen groß, blau, schön, aber das Zinnober nun auch nicht wert, das um ihn gemacht wird.
Danach passierte uns La Paz. Diese Stadt, auf circa 3600 Metern Höhe gelegen, wächst von der Talsohle aus die umliegenden Hänge hinauf und ist so abstoßend wie faszinierend. La Paz ist übrigens nicht die Hauptstadt Boliviens, das ist Sucre, aber der Regierungssitz. Das ist nicht logisch, aber Bolivien. Die Stadt scheint jeden Morgen aufs Neue Myriaden von Menschen auszuschwitzen, die sich dann auf und neben den Straßen ablagern. Manche Straße ist in ganzer Breite durch Händler indigener Abstammung in Beschlag genommen, die hier von Batterien über getrocknete Lama-Föten bis hin zu rostigem Werkzeug und Schlangenfleisch alles verkaufen, was vorstellbar und verkäuflich ist. Der Geruch von Käse und frischen Blumen mischt sich mit dem von Schweiß, rohem, ungekühltem Fleisch und abgeschlagenem Urin, denn Straßenecken und Hauswände werden regelmäßig von männlichen Bolivianern angestrahlt.
Das in der Innenstadt von La Paz gelegene Gefängnis San Pedro ist einzigartig in der Welt. Es ist eine Stadt in der Stadt. Die Gefangenen können sich innerhalb der Gefängnismauern frei bewegen und haben ihre eigenen Geschäfte, Werkstätten und ähnliches mehr. Um San Pedro besuchen zu können, muss man weder den Regierungspalast mit faulen Eiern bewerfen noch nackt auf der Hauptstraße stehend die Internationale rülpsen. Man zahlt Eintritt, bekommt einen Führer und dann hinein. Auf der *plaza* vor der Vollzugsanstalt sprach uns sofort ein junger Bursche in Zivil an, der uns einen Gefängnisbesuch für 400 Bolivianos (umgerechnet 40 Euro) offerierte. Wir glaubten erstmal kein Wort, ein guter Grundsatz für

Südamerika, denn unser Reiseführer sprach von 250 Bolivianos. Nachdem sich der Wahrheitsgehalt seiner Behauptung bestätigt hatte, beschlossen wir, dass ich ohne Maria in den Knast gehen sollte, da das ganze Unterfangen doch recht kostspielig war. Immerhin kam das Geld hauptsächlich den Familienangehörigen der Gefangenen zugute, war also wenigstens sinnvoll angelegt. Maria wollte derweil durch die Stadt schlendern und in zwei Stunden war ein Café als Treffpunkt ausgemacht. Einer der zivilen Plaza-Schlepper führte mich in ein kleines Büro der Gefängnispolizei. Dort sollte ich ihm dann die 400 Bolivianos übergeben. Ohne Ticket, ohne irgendeinen konkreten Beleg, dass ich auch bezahlt hatte. Dubios. Ich wartete wenigstens noch bis ein uniformierter Polizist den Raum betrat, um einen Zeugen für die Geldübergabe zu haben. Anschließend kam ich durch ein Tor in den großen Haupthof, in dem die Gefangenen auf ihre Besuche warteten und mein Guide auf mich. Er war schon etwas betagter und hatte aufgrund schwindenden Haupthaars eine lorbeerkranzförmige Frisur und ein Gebiss, das man getrost als Dentistenparadies bezeichnen konnte. Hauptberuflich war er ein Drogendealer, der bereits in Panama und den USA einsaß, bevor es ihn nach San Pedro verschlug. Sein zweijähriger Gefängnisaufenthalt in den USA hatte linguistische Früchte getragen, denn er sprach ausgezeichnetes Englisch. Wer hätte gedacht, dass ich mich mal mit Verbrechern streiten würde. Mein Guide Hernan erklärte mir, dass nach der Tour durchs Gefängnis ein „Trinkgeld" von 100 Bolivianos üblich sei. Ich kochte. Diese ominösen Zivilheinis auf der *plaza* hatten mir versichert, dass in dem Wucherpreis von 400 Bolivianos alles enthalten sei. Ich war drauf und dran, die Polizisten zu bitten, mich wieder in die Freiheit zu entlassen und mir mein Geld wieder auszuhändigen. Den einlenkenden Vorschlag Hernans, dann eben eine schnelle kurze Tour ohne Trinkgeld zu machen, lehnte ich ab. Ich verbrenne nicht 40 Euro, um dann mit einer Notstromvariante des Gefängnisbesuchs abgespeist zu werden. Ein inhaftierter Holländer erklärte mir dann das Konzept: Die 400 Bolivianos werden zu einhundert Prozent zwischen den zivilen Schleppern und den korrupten Polizisten aufgeteilt. Die Inhaftierten und deren Familien sehen davon keinen müden Boliviano. Dies erklärte auch die Heimlichtuerei in diesem Büro und dass es keine offiziellen Eintrittstickets gab. Offiziell finden die Touristenbesuche wahrscheinlich gar nicht statt. Das einzige Geld, das mein Guide und mein Bodyguard, ebenfalls ein Sträfling, bekommen, sind die 100 Bolivianos Trinkgeld. Diese Geschichte klang plausibel. Als ich den Holländer fragte, wer hier eigentlich die Kriminellen seien, die Inhaftierten oder die Polizisten, waren wir beide durchaus einer Meinung. Ich erklärte mich nun bereit, das Trinkgeld zu entlöhnen und die Reise begann. Ich trage erst einmal die Fakten zusammen und versuche hinterher, eine Meinung dazu zu haben.

Das Gefängnis ist in sieben Sektionen eingeteilt, gewissermaßen Wohnbezirke, die alle einen Platz beinhalten, auf dem man sich trifft, Basketball oder Fußball spielt oder fernsehen kann. Nahezu jede Sektion hat außerdem eine kleine evangelische Kirche, eine Sauna, eine Kochnische, falls einem das Essen der Großküche nicht schmeckt und eine Waschklause. In welcher Sektion man landet, hängt vom Wochentag der „Einbürgerung" ab, nicht von der Straftat. Die Gefangenen müssen ihr Zimmer kaufen. Wer sich das nicht leisten kann, schläft in einem Gemeinschaftsschlafsaal, der sich in jeder Sektion findet. Die Familien der Häftlinge dürfen mit im Gefängnis leben. Im Gefängnis-Kindergarten kümmert man sich um die kleinen Sträflingskinder, während die Ehefrauen tagsüber in die Freiheit zum Arbeiten gehen. Hernan findet dieses familienfreundliche Konzept nicht geglückt, da er der Ansicht ist, ein Gefängnis sei kein Ort für Kinder und er findet es verwerflich, dass diese

Sprösslinge mit dem Gefühl aufwachsen, im Gefängnis zu leben, sei der Normalzustand. Jeder Gefängnisbewohner hat einen Schlüssel zu seiner Wohnung/Zelle/Was-auch-immer und kann sich innerhalb der sieben Sektionen frei bewegen. Eine Ausnahme bilden die Vergewaltiger. Diese lebten früher ebenfalls in den normalen Sektionen. Da Vergewaltiger aber für alle anderen Sträflinge lebensunwerter Abschaum sind, wurden Triebtäter mehrfach von Mitgefangenen ermordet. Außerdem kam es in Einzelfällen vor, dass sich Sexualstraftäter an im Gefängnis lebenden Kindern vergriffen. Heute wohnen sie in einer abgetrennten Sektion und kommen nur in die anderen Sektionen, um in der dortigen Großküche das Essen für alle Gefangenen zuzubereiten. Hernan behauptete, sie hätten Order von der Polizei, Schlafmittel ins Essen zu mengen, um so zur Deeskalation im Gefängnis beizutragen. Ein müder Gefangener hat keine Lust auf Raufhändel. Ich besuchte mit Hernan die Großküche, während dort gerade gekocht wurde. Die Tür war von innen mit einem massiven Schloss versehen, vermutlich um Übergriffe anderer Gefangener zu verhindern. Ich stand in einer dampfenden Küche, umgeben von Vergewaltigern und suchte unwillkürlich in den Gesichtern nach einem Mal, einer diabolischen Physiognomie oder einem bösen Zug um den Mund. Eine völlig irreale Situation. Da das meiste in San Pedro Geld kostet, ist jeder darauf angewiesen, dieses zu verdienen. Einer betätigt sich als Touristenführer wie Hernan, ein anderer vermietet Billardtische an seine Mitgefangenen. Manche arbeiten, mit Gummiknüppeln bewaffnet, als gefängnisinterne Sicherheitspolizei und werden von der echten Polizei dafür entlohnt. Andere bleiben im alten Fahrwasser und verticken weiter Drogen. Hernan zeigte mir eine alte, nicht inhaftierte Indianerin, die mit Sondergenehmigung der Polizei hier im Gefängnis Früchte verkaufte, in Wirklichkeit aber ganz andere Köstlichkeiten

hineinschmuggelte. Ein Jugendlicher aus Südafrika, der apathisch an uns vorbeischlich, zerfiel laut meines Guides zusehends durch seinen Drogenkonsum. Manche hätten sich eben nicht unter Kontrolle, tönte der Drogendealer. Er selbst, Hernan, wolle seine Karriere als Dealer nach dem Absitzen seiner Gefängnisstrafe endgültig beenden, um zu seiner Frau und seinen Kindern zu ziehen, die inzwischen in Spanien lebten. Warum wohl? Gegen Ende der Tour erwies er sich allerdings als doppelzüngig, als er mich fragte, ob ich Drogen kaufen möchte. Er behauptete, er wolle das gar nicht fragen, aber die anderen Gefangenen verlangten das von ihm und viele Touristen kämen ins Gefängnis, um diese speziellen Souvenirs zu kaufen. Ich muss wirklich viel dämlicher aussehen, als ich bin. Trotz seiner fragwürdigen Vergangenheit und wahrscheinlich auch Zukunft, muss ich bekennen, dass dieser Mann, der vermutlich viele Leben zerstört hat, wirklich sympathisch war. Ach ja, hab ich vergessen: Wenn jemand in San Pedro aus der Reihe tanzt, wird er in ein härteres Gefängnis nahe La Paz „strafversetzt". Es gibt also eine Art strafrechtliches Damoklesschwert.
Ich habe mehrere Nächte länger als sonst wach gelegen, um eine Position zu diesem Gefängnis und den in diesem Zusammenhang aufsteigenden Fragen zu finden. Ich fühlte mich hoffnungslos überfordert. Wie Sisyphos, der aber nicht nur seinen blöden Stein immer wieder diesen Berg hoch rollen muss, sondern gleichzeitig versucht, die Hydra zu köpfen, die Rinderställe des Augias auszumisten und den Sirenen zu entkommen. Dieses Thema ist zu komplex, um nach ein paar Tagen schon eine fundierte und schlüssige Meinung formulieren zu können. Was ich immerhin schon habe, sind Gedankenansätze und Fragen, wie zum Beispiel:
Können Gefangene zu viele Freiheiten haben? Wo ist die Grenze zwischen Strafe und Rache? Was sollte und was kann eine Strafe bewirken? Ist ein Gefängnisaufenthalt der

richtige Weg, um einen Gefangenen zu einer dauerhaften Verhaltensänderung zu bewegen? Wenn ja, wie erklären sich dann die hohen Rückfallquoten? Wenn nein, welche Alternativen stünden zur Disposition? Ist es naiv, an die mögliche Läuterung eines Verbrechers zu glauben? Wie subjektiv ist die Einteilung in Straftat/Nichtstraftat?
Ich bin mir zurzeit noch nicht einmal sicher, ob ich die richtigen Fragen stelle. Ich werde einiges zu diesem Thema denken und lesen und dann versuchen, das Ganze in einer Position zu bündeln. Bis dahin begnüge ich mich mit Camus, der gesagt hat: „Könnte man eine Partei derer organisieren, die nicht sicher sind, dass sie recht haben? Ihr würde ich mich anschließen." Ich glaube, ich bin deren Vorsitzender. Aber ich bin nicht sicher.

Während ich mich mit dem Bilden von Fragezeichen beschäftigte, begab sich Maria leichtfertig in tödliche Lebensgefahr. Toll! MARIA BEGAB SICH LEICHTFERTIG IN TÖDLICHE LEBENSGEFAHR! Dieser Satz ist eigentlich viel zu platt und verbal-banal für meinen clownesk durch das Panoptikum absurder Metaphern tänzelnden Harlekin-Stil. Aber ich merke schon an eurer Reaktion, dass ihr offenbar auf solche reißerischen Blockbuchstaben-Sensationen mächtig abfahrt! Anstatt die sprachliche Dünnbrettbohrerei (Was bitte ist „tödliche Lebensgefahr"?) zu bemängeln, wollt ihr jetzt nur wissen: Was ist passiert? Wie viele Männer waren es? Ist Blut gespritzt? Hat sie ein Bein verloren? Hoffentlich hat er nicht mal wieder übertrieben und es ist wirklich etwas Schlimmes passiert! Schämt euch! Nein, mehr Ausrufezeichen. Schämt euch!!!!!!!! Zur Strafe erstmal ein kleiner Prolog. Solange müsst ihr eure Neu-Gier noch zügeln. Seid froh, dass ich überhaupt weiter schreibe nach allem, was gerade vorgefallen ist!
Maria war während der gesamten Reise die treibende Kraft, wenn es darum ging, die Reiseetappen zu planen, günstige Verkehrsverbindungen herauszusuchen oder

unser Zeitkontingent von unnötigem Erlebnisleerlauf zu befreien. Ich hielt mich diesbezüglich immer etwas in ihrem Windschatten und begründete meine planerische Trägheit mit dem löblichen Vorsatz, Maria nicht bei der Entfaltung ihres Organisationstalentes im Wege stehen zu wollen. Das einzige Kapitel, das ich im Gegensatz zu Maria im Reiseführer ausführlich studierte, war das Kapitel „Gefahren und Ärgernisse". Als routinierter Phobiker will man seine Angst schließlich auch zielgerichtet einsetzen können. Maria war also der bolivianische Standardtrick zum Ausrauben naiver Touristen nicht geläufig und ich war gerade im Gefängnis, als sie ihn kennenlernte.

Maria schlenderte durch die Stadt, als sie von einer chilenischen Touristin in ein Gespräch verwickelt wurde. Sie sei auch gerade erst in La Paz angekommen, ob Maria wüsste, wo diese oder jene Sehenswürdigkeit liege, ob sie ein Foto von ihr machen könne ... Plötzlich erscheint ein uniformierter Polizist auf der Bildfläche und will die Papiere sehen. Unsere Pässe ebenso wie unsere Kreditkarten sind im Hoteltresor. Die Passkopien unserer Pässe befinden sich bei mir, da ich sie für meinen Gefängnisbesuch benötige. Maria wird nervös. Sie ist allein in einem fremden Land und kann sich nicht ausweisen. Zusätzlich erschwert die Sprachbarriere eine Klärung der Sachlage. Der Polizist fordert sie auf, mit auf die Wache zu kommen. Er müsse kontrollieren, ob sie nicht illegal im Land sei. Ein Taxi hält an und da die Chilenin bereitwillig im Auto Platz nimmt, steigt Maria schließlich auch ein. Das Taxi fährt los, verlässt umgehend die Hauptstraße und verschwindet in schmalen Nebengassen. Der Polizist behauptet nun, er müsse die beiden auf Falschgeld und Drogen hin überprüfen. Die Chilenin gibt ihm ihren Rucksack und ihr Portmonee, prall gefüllt mit Dollars, Bolivianos und Kreditkarten. Sie erhält alles zurück. Maria hat nur umgerechnet 30 Euro in der Tasche, die sie vorerst auch zurückbekommt. Aus ihrem Rucksack kann der

Polizist nichts Interessantes zu Tage fördern. Die seltsame Frage des Polizisten nach ihrer Kamera muss sie ebenso wie die Frage nach ihren Kreditkarten verneinen. Es ist alles im Hotel. Schließlich telefoniert der Polizist mit seiner Dienststelle und lässt sich die Richtigkeit von Marias Personalien bestätigen. Das Taxi hält und der Polizist bittet Maria noch einmal um das Geld und ihren Rucksack. Er steckt es in die vordere Rucksacktasche. Dort sei es vor Dieben am sichersten. Maria steigt aus. Das Taxi fährt ab und Maria sorgt sich um die wohlhabende Chilenin, die im Taxi bleiben musste. Sie weiß, dass hier etwas nicht mit rechten Dingen zugeht, aber sie bringt die Puzzle-Teile noch nicht zusammen. Erst als sie einen Kaffee trinken will, stellt sie fest, dass das Geld weg ist. Als wir uns in dem verabredeten Café treffen, fühlt sie sich als Opfer und sorgt sich sehr um die Chilenin, die ihrer Ansicht nach im Taxi bleiben musste, weil sie die lohnendere Beute war. Als ich ihr auseinandersetze, dass die Chilenin wie auch der Taxifahrer Teil des Überfalls waren und ich ihr Vorhaltungen bezüglich ihrer Unvorsichtigkeit mache, ist sie anfangs verletzt und empört. Aber meine Seele hat eine Gänsehaut. Maria hat sich leichtfertig in Gefahr gebracht und ist sich immer noch keiner Schuld bewusst. Nachdem Maria nach und nach akzeptiert, dass ich vielleicht doch Recht haben könnte, werden ihr schließlich die logischen Verwerfungen ihres Erlebnisses bewusst, die bisher nur der Seismograph ihres Unterbewusstseins aufgezeichnet hat. Wieso war die Chilenin mit ins Taxi gestiegen, obwohl ihr Pass doch in Ordnung war? Wenn der Polizist ihre Personalien per Telefon abgleichen konnte, wieso musste sie dann in dieses Taxi steigen? Wieso hatte die Chilenin so viele Dollarnoten bei sich? Wieso um alles in der Welt interessierte es diesen Polizisten, ob sie eine Kamera dabei hatte?

Der klassische Trick, der in „Gefahren und Ärgernisse“ das Ranking anführt, funktioniert im Allgemeinen wie folgt: Ein Tourist wird von einer Person angesprochen, die sich ebenfalls als Tourist ausgibt. Nun betritt ein falscher Polizist die Bühne, der die Papiere sehen will und eine Pseudoüberprüfung auf Drogen und Falschgeld vornimmt. Da der falsche Tourist ohne Widerrede tut, was der Polizist sagt, wiegt sich das Opfer in Sicherheit. Im schlimmsten Fall fordert der falsche Polizist sein Opfer auf, in ein Taxi zu steigen. Anschließende Entführungen mit Erpressen der PIN und dem Leerräumen des Kontos sind keine Seltenheit. Manche Touristen wurden tagelang von ihren Peinigern festgehalten, 2006 wurden zwei Österreicher nach Herausgabe der Codes und Kreditkarten mit Klebeband erstickt. Gott sei Dank hatte Maria keine Kreditkarten dabei! Die Vorstellung, dass Maria nicht beim Treffpunkt aufgetaucht wäre und ich tagelang nicht gewusst hätte, ob sie noch lebt, macht mich jetzt noch schwindelig. Aber fast unverzeihlich war auch ihr Leichtsinn. Es steht schwarz auf weiß in den Reiseführern, dass ein Polizist, der in Bolivien grundlos eine Passkontrolle vornehmen will, kein echter Polizist ist. Und NIEMALS darf man mit fremden Personen in ein Auto steigen. Mit dem Zuschlagen der Autotür befindet man sich in einem abgeschlossenen Raum, in dem man nichts mehr beeinflussen oder kontrollieren kann. Wir haben später von Touristen gelesen, die in einer ähnlichen Situation dem falschen Polizisten ein herzliches „Fuck off!“ zugerufen haben und ihn einfach stehen ließen. Diese Vulgär-Taktik wird auch bei unserem nächsten falschen Polizisten Anwendung finden. „Unserem“, denn allein werden wir nicht mehr durch bolivianische Straßenschluchten spazieren.

Passt auf euch auf,
Claudius

Das Choro-Intermezzo

Liebe Leser,

nach Marias aufschlussreichem Erlebnis wartete der Choro-Trek auf uns. Wie bei so vielen Wanderwegen in Peru und Bolivien hatte es hier bereits Überfälle gegeben. Allerdings fanden wir nirgends konkrete Fakten und es schien uns, als habe es einmal einen einzigen Zwischenfall gegeben, der sich, durch das gegenseitige Abschreiben der Reiseführer voneinander, auf wundersame Weise vermehrt hatte. Wir ließen uns von dem vagen Unheilsgeunke jedenfalls nicht beeindrucken. Außerdem hatte Maria gerade erst einen Quasi-Überfall hinter sich. Wir waren stochastisch also abgesichert. Der ehemalige Inkapfad begann mit einem Anstieg auf einen 4850 Meter hohen Pass. Maria schnaufte und schwindelte etwas aufgrund der dünnen Luft (ich finde das durchaus erwähnenswert), während ich stolzen Schrittes bergan trabte. Durch dichten Nebel fiel der Weg nun 1200 Höhenmeter ins Bodenlose. War die Landschaft in Passnähe noch karg bis gar nicht vorhanden, stellten sich bald darauf schon die Hartgräser des *páramo* ein. Nach und nach schmiegten sich die ersten Büsche an die steilen Hänge und der Zeltplatz des ersten Tages lag inmitten eines schmal eingeschnittenen grünenden Tals in Flussnähe. Neben uns lagerte eine Gruppe Israelis, die sich erfreulicherweise als Klischeebrecher erwies und ausgesprochen unkompliziert und nett daherkam. Es gibt sie also auch. Gott sei Dank.[12]

---

[12] Es sei hier aus Gründen der Klischeevollständigkeit noch angemerkt, dass die Israelis geschlechtsunabhängig ein überdurchschnittlich attraktives Volk zu sein scheinen. Größere Reisegruppen mit optischem Premiumsiegel entpuppten sich meist als Kinder Moses.

Den Legenden über die räudigen und aggressiven Hunde Boliviens zum Trotz umtollte uns ein kleiner Mischling, bei dem äußere und innere Schönheit geschwisterlich miteinander vereint waren. Er entpuppte sich nach dem Essen als begabter Tellerausschlecker und wenn wir nicht so anständig wären, hätten wir ihn geklaut. Am nächsten Tag säumten anfangs Gräser, Breitwegerich, Farne und Walderdbeeren den Pfad. Alles wie zu Hause, von dem Kolibri abgesehen, der ein von Blumen dicht bewachsenes einsames Grab am Wegesrand umschwirrte. Und so weit das Auge blickte, mit dick wucherndem, saftigen Grün bedeckte Berge. Plötzlich schetterten über uns drei *gallitos de las rocas* mit ihrer lustigen Haube und ihrem übertriebenen Orange. Der Schöpfer hat am Entstehungstag dieser Felsenhähne besonders übermütig im Farbkasten geplanscht. Der immer schmaler werdende Höhenweg brachte uns schließlich zur Oase des Japaners Tamiji Hanamura. Er war 1960 als Tourist nach Südamerika gekommen und hatte sich, nachdem er im brasilianischen Urwald beinahe dem Fieber erlag, in dieser bergigen Einsamkeit niedergelassen. Mitten im menschenleeren Dickicht der Bergvegetation standen wir unverhofft vor einem liebevoll angelegten, blühenden Garten mit kleinem Teich und gefiederter, zwitschernder Vielfalt. Tamiji Hanamura, inzwischen 78 Jahre alt, schien einem fantasievoll bebilderten Märchenbuch entsprungen. Das alte verhutzelte Männlein ging so gebeugt, dass sein Körper beinah einen 90-Grad-Winkel beschrieb. In seinem Gästebuch hatte er die Umrisse mehrerer Länder eingezeichnet und jeder Gast hatte die ehrenvolle Aufgabe, dort seinen Heimatort korrekt per Kreuzchen einzuzeichnen. Jena kannte er und wusste sogar, dass es in Thüringen liegt. Die meisten Menschen in Südamerika kennen von Deutschland lediglich Berlin, das Oktoberfest, Adolf Hitler, Michael Ballack und wenn es hochkommt noch die Scorpions und Rammstein. Das ist also unser

Image im Ausland: besoffene Nazis, die Rockmusik hören und gern Fußball spielen. Tamiji war generell über Deutschland und dessen Geschichte ausgezeichnet informiert und zeigte mir verschiedene Bildbände deutscher Städte, die ihm ehemalige Gäste nach ihrer Rückkehr ins wirkliche Leben zugeschickt hatten. Goldiger Bursche.
Nachdem wir am dritten Tag den Weg zu einem guten Ende gebracht hatten, folgten einige Buskilometer, zwei Reifenpannen und dann Potosí, die mit circa 4000 Höhenmetern höchste Stadt der Welt.

Hasta pronto,
Claudio y Maria

„Lasst, die ihr eintretet, alle Hoffnung fahren!"

Liebe Leser,

um 4:00 Uhr morgens ein *hostal* zu suchen, gehört definitiv nicht in meinen Hobbykatalog. Der Hotelportier, den wir schließlich vom Sofa klingelten, war hackedicht und ein beredtes Beispiel für jemand, der durch erlittenen Rassismus selbst zum Rassisten geworden war.[13] Die Spanier hasste er aufgrund der Kolonialzeit und forderte spanische Touristen allen Ernstes auf, in den Silberminen zu arbeiten, um ihre historische Schuld abzutragen. Und die Argentinier seien alles arrogante Rassisten, schimpfte er. Zwei Argentinierinnen, die während des Gesprächs eintrafen, ekelte er dementsprechend gleich wieder aus dem *hostal*. Auch wir blieben nicht in diesem ehrenwerten Haus. Ich mag keine Rassisten, auch nicht, wenn sie dunkelhäutig sind.

In den Silberminen von Potosí ließen bisher acht Millionen Menschen ihr Leben. Acht Millionen! Das sind Holocaust-Dimensionen! Der Großteil davon starb während der spanischen Kolonialherrschaft. Die schwarzen Sklaven aus Afrika starben meist bereits nach einigen Wochen, während die Indios, die zumindest an die extreme Höhe adaptiert waren, im Schnitt etwas länger überlebten. Die Höhe, der Staub, die giftigen Gase, schlechte Ernährung, harte Arbeit und Arbeitsschichten von 24 bis 48 Stunden bildeten eine tödliche Mischung. Hinzu kam die nicht vorhandene Hygiene, da die Arbeiter

13 Ihr merkt schon, meine drei R's Rassismus, Religion und Reisedurchfall tauchen in regelmäßigen Abständen immer wieder auf.

zeitweise gezwungen wurden, mehrere Monate in den Minen zu leben, ohne Möglichkeit sich zu waschen und ohne Möglichkeit, ihren eigenen Fäkalien und den dort gedeihenden Krankheitserregern aus dem Weg zu gehen. Wer länger überlebte, starb irgendwann an der Silikose[14]. Um überhaupt Kraft zum Arbeiten zu haben, kauten die Arbeiter Kokablätter. Diese verbessern die Sauerstoffaufnahme des Körpers, vermindern Hungergefühl und Ermüdungserscheinungen und euphorisieren in geringem Maße. Heutzutage sind sie außerdem Ausgangsprodukt für die Herstellung von Kokain. Nachdem die Katholische Kirche das Kauen von *coca* als Teufelswerk verboten hatte, realisierten die Spanier, dass sich die Minensklaven ohne *coca* nicht mehr optimal ausbeuten ließen, da ihnen ohne die Droge die Kraft fehlte, unter diesen schrecklichen Arbeitsbedingungen zu schuften. Die Silberproduktion sank. Was Sünde vor Gott war, hing in diesen Zeiten ausschließlich von praktischen und wirtschaftlichen Gesichtspunkten ab. Daher befürwortete der katholische Moloch-Gott plötzlich das *coca*-kauen, ja, er befahl es regelrecht. Stefan Heym hat in „Der König David Bericht" sinngemäß geschrieben: „Die Wahrheit ist wie eine große Blumenwiese, auf der sich jeder die ihm angenehme Blüte pflückt." Die Katholische Kirche pflückte verschiedenste Wahrheitsblüten, deren Nektar umgehend zu objektiver Wahrheit gerann. Ein Großteil des geförderten Silbers wurde übrigens für katholischen Kirchenschmuck und Altäre verwendet. In Cusco sahen wir einen pompösen Altar aus Potosí-Silber, bezahlt mit dem Blut unzähliger Minensklaven. Wie kann man den göttlichen Grundgedanken „Liebe deinen Nächsten wie dich selbst" derart pervertieren und dabei

---

14 Die Staublunge, zu deren Spätfolgen häufig auch der Lungenkrebs zählt.

immer noch glauben, mit dem Herrn Jesus auf du und du zu sein? Ich habe übrigens gegen Katholiken genauso wenig Vorbehalte wie gegen Israelis, Atheisten und Moslems, aber den größten Keller, randvoll mit Leichen, besitzt in Südamerika nun einmal die Katholische Kirche.

Manchmal ist die Angst vor der Angst die einzige Angst, die man hat. Seit meiner Zangengeburt (ich erinnere mich, als wenn ich dabei gewesen wäre) und anderen kindlichen Erfahrungen mit engen Räumen war ich davon überzeugt, an einer dezenten Form von Klaustrophobie zu leiden. Dementsprechend mulmige Gefühle erzeugte die Vorstellung, die staubigen und äußerst engen Minen von Potosí zu besichtigen. Aber dieser Urlaub hat ja auch eine grenzenverschiebende Funktion. Unsere Gruppe war mit fünf Personen recht handlich und die Tour begann mit dem Besuch des *mercado minero* auch ganz harmlos. Hier kaufen die *mineros* ihr Dynamit, hochprozentigen Alkohol, Kokablätter und alles was man sonst so zum Leben braucht. Jedes verwirrte Würstchen kann hier ohne Lizenz oder eingeschränkte Altersfreigabe Dynamit mit Zünder kaufen. Sehr beruhigend. Hier erstand ich auch meine ersten Kokablätter und eine kalkhaltige Substanz. Diese fügt man den Blättern im Mund bei, um eine chemische Reaktion auszulösen, die ich nicht verstehe und die mich offen gesagt auch nicht interessiert. Ich kann mich nicht um alles kümmern. Ich habe außer einer tauben Zunge keinen Effekt gespürt, aber ich muss sagen, an so eine Blätterbacke könnte ich mich gewöhnen. Man fühlt sich sehr lässig.
In der Mine erlebte ich dann eine große Überraschung. Ich habe gar keine Klaustrophobie! Nein, so was! Da pflegt und hegt man seine Ängste und auf einmal sind sie weg, ohne sich zu verabschieden. Die erste Ebene der Mine, in der man bereits recht gebeugt gehen musste, zwang bereits drei Gruppenmitglieder zum Abbruch. Die Enge, der Staub, stinkende Gase und die dünne Höhenluft ... Ich sag

mal so, da kann eben nicht jeder mit um. Also war ich mit Maria und unserem Guide allein, als wir durch die zweite abschüssige Ebene robbten, die teilweise so eng war, dass wir auf Händen und Knien krochen und trotzdem noch mit dem Rücken am Gestein entlang schrammten. Spätestens hier wären eine hysterische Schreiattacke, Schaum vor dem Mund und wild zuckende Gliedmaßen fällig gewesen. Ich hörte in mich hinein. Nichts. Alles ruhig. Die tiefste vierte Ebene besuchte ich dann ohne Maria, weil es ihr langsam auch zu staubig und eng wurde. Wieder eine Angst entsorgt. Jetzt bin ich nicht nur Pferdeflüsterer. Ich bin auch Maulwurf.

Meine Freude über meinen Angstverlust wurde konterkariert vom Eindruck, den der kurze Einblick in das „Leben" eines Minenarbeiters hinterließ. Heute arbeiten immer noch 12000 Arbeiter in den Minen. Und 800 Kinder. Ein Verbot von Kinderarbeit klingt sehr human, würde diesen Familien allerdings das Genick brechen, da die oftmals verwitweten Mütter ihre Familie ohne die Verdienste der Kinder nicht durchbringen könnten. Ein zwanzigjähriger *minero*, den wir in der Mine trafen und der eher wie ein Vierzigjähriger wirkte, arbeitete seit seinem dreizehnten Lebensjahr in den Minen. Es sollte ein Recht auf Kindheit geben. Aber in manchen Ländern gibt es nur das Gesetz der Notwendigkeit. Die Lebenserwartung der *mineros* bewegt sich heute zwischen 35 und 55 Jahren. Hauptsächlich die Silikose tötet verlässlich und vor der Zeit. Die Minenarbeiter beten außerhalb der Mine zu Gott, verehren aber in der Mine den Teufel, den sie *tio* nennen. Jede Mine hat ihre eigene, teilweise menschengroße Teufelsfigur, der Alkohol, Kokablätter und Zigaretten geopfert werden. Sie glauben, dass Gott unter der Erde keine Macht hat und sie im Reich des Teufels arbeiten, der ihnen gute Erzadern zeigen oder sie durch Steinschläge, Explosionen oder Silikose vernichten kann. Dieser Glaube, der vor allem durch Furcht vor dem unberechenbaren

Zorn des *tio* geprägt ist, ist genauso hoffnungslos und trostlos, wie das Leben in den Minen. Ich hoffe inständig, dass es ein Leben nach dem Tod gibt, denn es gibt einfach zu viele Leute, die kein Leben vor dem Tod haben. Tschuldigung, falls ich euch den Tag verdorben habe.

Glück auf,
Claudius

Der Mann, den sie Pferd nannten

Liebe Leser,

Tupiza ist ein staubiges Kaff im Wilden Westen Boliviens. Die roten Malborofelsen standen offensichtlich Pate, als diese Landschaft entworfen wurde: rötliche Felsformationen, blühende Kakteen, weite Täler, steilwandige Canyons und nahezu ausgetrocknete Flussbetten. Anfang des 20. Jahrhunderts wählten die nach einer Schießerei schwer verwundeten Gangster Butch Cassidy und Sundance Kid hier den Freitod und mengten so der hiesigen Lokalgeschichte noch die nötige Prise Schießpulver bei. Der Hintern gehört in so einem Ort auf einen Pferdesattel, also beschlossen wir, drei Tage durchs offene Land zu reiten. Leider kann man Pferde in Südamerika nur im Paket mit einem Guide mieten. Unserer war so überflüssig wie ein eiternder Weisheitszahn. Seinen Namen gab Franklin nur auf Nachfrage preis und sonst basierte seine Kommunikation auf Pausen und spärlich eingestreuten Satzfetzen. Godot in Becketts „Warten auf Godot" hatte ähnlich viel Text. Altersmäßig schätzten wir ihn auf maximal achtzehn, wobei er sich offenbar in der geistigen Entwicklung viel Zeit gelassen hatte. Er wusste, dass ich erst einen Tag geritten war. Anstatt mir nun ein paar Ratschläge zu erteilen, ritt er einige Kilometer in seinem unnachahmlichen Schweigen hinter uns drein, um dann unverhofft im Galopp an uns vorbeizupreschen. Daraufhin saß auch ich plötzlich auf einem galoppierenden Pferd. Einem Reitfrischling wie mir einen unangekündigten Galopp aufzuzwingen, ist so dämlich, dass mir nur Vergleiche einfallen, die zu kurz greifen. Wäre ich vom Pferd gestürzt und dabei im Steigbügel hängengeblieben, hätte Franklin vermutlich staunend zugesehen, wie ich mich, den Kopf lustig über die Steine klackernd, Richtung Horizont entfernt hätte. Zu meinem Glück blieb ich obenauf und stellte fest, dass ich es mag. Galoppieren als neues Hobby. Um nicht zu selbstherrlich zu erscheinen, möchte ich Maria ganz sachlich mit den Worten zitieren: „Du bist wirklich unglaublich gut!" Mit einem verantwortungsbewussten Guide hätte ich Grünschnabel nie galoppieren dürfen und damit das Schönste am Reiten verpasst. Inkompetente Personen haben gelegentlich doch einen gewissen Nutzwert. Mein Pferd war ein Hengst (Nein, kein Wallach!) und stand mir charakterlich sehr nahe. Er wollte immer der Beste und Schnellste sein, aber es klappte selten. Insbesondere im Galopp war Marias Stute einfach unschlagbar. Dafür war mein Hengst während einer Reitpause unglaublich schnell … auf Marias Stute. Am letzten Tag ritten wir gemeinsam mit einer anderen Reitgruppe und galoppierten um die Wette durch ein verlassen in der Sonne schmorendes Lehmdorf. Die Steine flogen uns um die Ohren, während mein Hengst, durch die vielen Stuten angestachelt, seine Höchstleistung ablieferte. Ich rase ungern mit dem Auto, aber diese bebenden Muskeln unter sich zu haben, ist pures Adrenalin. Beim anschließenden Galopp durch ein trockenes Flussbett blieb Marias Pferd im knietiefen Sand stecken und legte eine so radikale Vollbremsung hin, dass Maria einen ebenso radikalen Ortswechsel vollzog und sich in den Sand setzte. Sie hat sich ganz schön geärgert, aber ich habe sie getröstet. Das hätte selbst mir passieren können.

Yippie-Ya-Yeah,
Django

„Zwei Dinge sind unendlich ..."

Liebe Leser,

das zwischen zwei Kordillerenzügen eingebettete *altiplano* war unser nächstes und letztes Ziel in Bolivien. Hochlandsteppe, groteske Steingebilde, die Farbpalette ausschöpfende Berghänge, Lagunen, die, umrahmt von einem gelben Grasgürtel, in weißen, grünen und roten Farbtönen leuchten, brodelnde Geysire und am Schluss die strahlend weiße Salzwüste Salar de Uyuni, in der alles Gegenständliche zu erlöschen scheint. Belebt wurde die Szenerie von chinchillaähnlichen *viscachas*, *llamas*, *vicuñas* und den grazil in den Lagunen einherstolzierenden *flamingos*. Unwirklich. Ich habe nicht das Gefühl, da gewesen zu sein. Ein geistvoller Namensgeber nannte eine der Wüsten Desierto de Dali. Tatsächlich scheint es, als traumwandle man offenen Auges durch ein surreales Bild Salvador Dalis. Die Farben und Formen wirken präzise und plastisch, aber man spürt, dass man sie nicht greifen kann, da man genau im Moment des Zugreifens erwachen würde. Irrtümlicherweise habe ich in einer älteren Mail behauptet, diese Region sei nur geführt in einer Tour zu bereisen. Mit guter Vorbereitung, Leihwagen und GPS hätten wir dieses Gebiet aber so stressfrei besuchen können, dass dieser Satz hier als Schlusssatz für Bolivien fungiert hätte. Aber wie langweilig wäre das?
Unsere viertägige Tour begann, wie viele Dramen, ganz harmonisch. Der Fahrer Eduardo, der gleichzeitig auch den Guide verkörperte und die Köchin Nilda schienen offen und freundlich und das junge englische Pärchen, mit dem wir den Jeep teilten, entpuppte sich als unterhaltsam und unkompliziert. Will Smith (kein Witz) und seine Freundin Rachel waren gerade auf sechsmonatiger Weltreise und wir wissen jetzt, dass Uganda einen sicheren

Platz auf unserer zukünftigen Reiseagenda bekommt und kennen einige schmutzige englische Studentengeschichten, die ich hier unmöglich wiedergeben kann. Ich habe ja auch eine moralische Verantwortung.

Am zweiten Tag fiel das Stimmungsbarometer fast unmerklich um einige Hektopascal. Unser Jeep winselte sich die leichtesten Anstiege derart schwachbrüstig empor, dass wir bald von der Zeit überholt wurden. Die Fahrer anderer Jeeps machten sich mehrfach in den Motor-Innereien unseres angeschlagenen Fahrzeugs zu schaffen, jedoch ohne erkennbaren Erfolg. Es wurde jetzt deutlich, dass Eduardo von Autos soviel verstand wie ich. Während seine Kollegen ihre Bastelfreude an unserem Motor auslebten, stand er interessiert lächelnd daneben. Das lag ihm besonders. Ins Leere lächeln. Da er unsere Köchin außerdem mehrmals nach dem Weg fragte, kristallisierte sich langsam heraus, dass dies vermutlich seine erste Tour war. Und er hatte sich wirklich ganz prima vorbereitet. Obwohl sich unser Wagen verhielt, als hätte er die Höhenkrankheit, bestritten Nilda und Eduardo, dass wir in zeitlichem Verzug seien. Nachdem wir nach zehn Minuten im Geysirfeld vom hupenden Eduardo ins Auto gescheucht wurden, kamen Zweifel auf. Abends hieß es aber, das Auto sei wieder in Schuss. Wir regten an, am nächsten Tag schon gegen fünf aufzustehen, um Zeit zum Wandern an der in kräftiges Kupferrot getauchten Laguna Colorada zu haben.

Am nächsten Morgen hupte uns Eduardo nach zwanzig Minuten von der Lagune ins Auto zurück. Dann bekamen wir eine Ansage zum real existierenden Tourverlauf. Wir waren zwei Stunden eher als alle anderen Lagunenbesucher aufgestanden, um die heutige Strecke überhaupt zu schaffen, da unser Tip-Top-Auto immer noch lahmte. Und weil unsere Agentur keine Zimmer in den Wüstenherbergen vorbuchte, müssten wir so zügig wie möglich vorwärts kriechen, um ein überfülltes *hostal* und somit eine Nacht im Auto zu vermeiden. Man hatte uns am Vorabend schlichtweg mit Märchenlikör abgefüllt. Nilda behauptete, nachdem Maria zu Recht ein Fass aufgemacht hatte, keine Gruppe verbringe mehr als zehn bis zwanzig Minuten an dieser Lagune. Von den Spätaufstehern erfuhren wir abends, dass sie alle zwei Stunden Zeit hatten, diese gigantische Szenerie auf sich wirken zu lassen. Der Wahrheitsgehalt von Nildas Aussagen war inzwischen so hoch wie der Alkoholgehalt im Fliegerbier. Sie vertiefte ihre verbalen Ausflüge ins Münchhausenland, indem sie behauptete, gestern seien wir nur so langsam vorwärts gekommen, weil wir beide an den Aussichtspunkten immer so lange herumgetrödelt hätten. Und wir beide seien auch die einzigen Unruhestifter, die sich ständig beschwerten. Kunststück: Die Engländer sprachen kein Wort spanisch. Eine spätere Reparaturpause nutzte Nilda, um bei offenem Fenster einer anderen Frau brühwarm zu schildern, wie schrecklich wir und vor allem Maria seien. Wir saßen auf den Rücksitzen und lauschten fasziniert diesem Ausbund an Frechheit und Unprofessionalität. Nachdem ich sie darauf hingewiesen hatte, dass wir genug spanisch sprechen, um ihren Ausführungen zu folgen und dass das alles wirklich sehr liebenswürdig sei, stieg sie aus dem Auto, um in zwei Metern Entfernung vom Wagen ihr Lästergarn weiter abzuspulen. Das anschließende Mittagessen war reichhaltig, wie stets bei Nilda, aber es heißt in den Sprüchen: „Besser ein Gericht Kraut mit Liebe denn ein gemästeter Ochse mit Hass.“ Wir kauten appetitlos an unserem Ochsen. Während der ganzen Tour gab es nicht eine einzige Entschuldigung. Dass sie beide das Auto nicht kannten, sei nicht ihre Schuld und dass es nicht fuhr erst recht nicht. Schuld ist immer ein nebulöser, geheimnisvoller Jemand, der sich irgendwo im riesigen Firmengebäude versteckt und nie zu sprechen ist. Das Konzept kenne ich von der Deutschen Bahn.

Am nächsten Morgen stand als krönender Abschluss die Salar de Uyuni auf dem Programm. Wir wussten, dass man am letzten Tourtag normalerweise gegen fünf Uhr aufstand, um pünktlich zum Sonnenaufgang kurz vor sechs in der Salzwüste zu sein. Wir wussten das. Eduardo allerdings nicht. Er wollte, dass wir gegen sieben aufstehen, da der Sonnenaufgang ja schließlich halb acht sei. Um so wenig über die eigene Tour zu wissen, muss man einen humorvollen Arzt kennen, der einen medikamentös entsprechend einstellt. Beeindruckenderweise war es ihm nicht einmal peinlich. ER LÄCHELTE.
Wir werden eines Tages wiederkommen. Mit einem Leihwagen und einem Sack voll Zeit. Vielleicht hupen wir uns dann nostalgisch gegenseitig ins Auto zurück, um die Erinnerung an diese merk-würdige Tour wieder zum Leben zu erwecken.
Inzwischen verbringen wir übrigens schon die zweite Woche in Chile, aber ich komm gerade einfach nicht hinterher. Tschuldigung.

Suerte,
Señor Claudio y su esposa hermosa

Organophobia

Liebe Leser,

der Grenzübertritt nach Chile erwies sich aufgrund der übereifrigen chilenischen Zollbeamten als zeitraubend. Die menschlichen Spürhunde durchwühlten jeden Rucksack und witterten überall das Verbotene. Durch das Verhalten der Beamten in die Rolle des potentiellen Straftäters gedrängt, fühlten wir beide uns schon vorbeugend schuldig und warteten nur darauf, dass der Beamte mit hochgezogenen Augenbrauen ein verdächtiges Corpus Delicti aus dem Rucksack zu Tage förderte. Bei unserem Reiseführer Südamerikas schien er fündig geworden zu sein. Maria hatte vor der Reise die Kapitel all der Länder herausgetrennt, die wir in DIESEN sechs Monaten nicht besuchen würden. Eine Frage des Gewichts. Nun klafften dort, wo vorher Wissenswertes über Brasilien und Venezuela zu lesen war, verdächtige Lücken. Dass Maria viele Kopien mit Zusatzinformationen und Kartenmaterial an die verbliebenen Seiten des Buches geheftet hatte, verstärkte den geheimnisvollen Eindruck. Nervös drehte der Beamte das Buch hin und her, auf der Suche nach Rauschgift, verborgenen Waffen oder wenigstens einem Geheimfach. Auch ein hinzugezogener Kollege blieb ratlos. Schließlich händigte er uns das mysteriöse Objekt wieder aus. Er war wohl zu dem Schluss gekommen, dass der Inhalt des Buches entweder wirklich harmlos war oder aber so brisant, dass es seinen kleinen Beamtenhorizont bei weitem überstieg.

Für die Salar de Atacama und deren Umgebung gilt ähnliches wie für das *altiplano* Boliviens. Das Gehirn sortiert die von der Netzhaut übermittelten Bilder in der Kategorie „Irreal“ ein und man befindet sich in der logischen Zwickmühle, durch eine Landschaft zu laufen, in der man sich unmöglich befinden kann. Nach einer Fahrradtour durch das Tal des Mondes und das Tal der Toten (die Namen beschreiben die Landschaft hinreichend) schlossen wir uns trotz des Bolivientraumas einer Tour an, um entlegene Seen in der Salzwüste zu besuchen. Unter anderem die Laguna Ceja, das Pendant zum Toten Meer. Noch ein bisschen mehr Salz und man könnte darüber laufen. An einer Lagune mit unaussprechlichem Namen, die an der tiefsten Stelle gerade einmal zehn Zentimeter maß, gab es den obligatorischen Pisco sour mit dazugehörigem Sonnenuntergang. Ich wusste, dass ein Pisco im Tourenpreis inbegriffen war, aber nicht, dass man soviel trinken konnte, wie man im Rahmen seiner Leberwerte vermochte. Ich fühlte Verblüffung und Freude über das Wunder der Piscovermehrung, während sich mein Becher immer wieder auf geheimnisvolle Weise füllte. Beschwingt und aller Sorgen ledig plauderte ich mit einem älteren Spanier, der mir einen spanischen Witz nach dem anderen erzählte. Immer wenn ich an der Sprachmelodie erkannte, dass der Witz vermutlich zu Ende war, lachte ich herzlich mit. Als wir mit dem Kleinbus heimwärts holperten und ich langsam begann, die Welt etwas verwackelter als sonst wahrzunehmen, sah ich vor meinem inneren Auge einen großen, blöde dreinschauenden Esel. Er hatte erstaunliche Ähnlichkeit mit mir. Wir wollten nämlich am nächsten Tag die El-Tatio-Geysire besuchen. Tourabfahrt war vier Uhr morgens und es wurde dringend geraten, aufgrund der extremen Höhenlage der Geysire am Vortag auf Alkohol zu verzichten. Von Pisco-Exzessen erst gar nicht zu reden. Spätestens als dann am nächsten Morgen gegen halb vier der Wecker klingelte, hätte ich dem gestrigen Esel gern mal so richtig das Fell über die Ohren gekämmt. Die erste Stunde im Bus hielt ich mich krampfhaft an einer leeren Plastiktüte fest und hoffte inständig, dass sie sich nicht füllte. Gnädigerweise beruhigte sich mein Magen und inmitten der Dampffontänen des Geysirfeldes hatte ich schon fast wieder vergessen, welche Höchstleistungen ich im Fachbereich „Dämlichkeit“ zu leisten im Stande bin.

Wir überspringen jetzt mal das Faulenzen am Pazifik im Nationalpark Pan de Azucar, die Beobachtungen von Sternennebeln und Jupitermonden in einer Sternwarte im Valle Elqui sowie eine Weinverkostung in der legendären Bodega Casillero del Diablo und landen in der Künstlerstadt Valparaíso. Die schmucke Hafenstadt ist so farbenfroh, wie wir es bisher nur vom Künstlerviertel La Boca in Buenos Aires kannten. Hier mit bunten Mosaiksteinen beklebte Steinbänke, da ein Wandgemälde, auf dem riesige Kolibris eine halbnackte Schönheit umschwirren, dort eine zum Blumentopf umfunktionierte Badewanne, dahinter rote, gelbe und blaue Häuserfassaden. Von den Terrassen und Aussichtspunkten schweift der Blick über die Hügel und Straßenschluchten im Paradiesvogelgewand bis zum Pazifik, der jedoch auch hier nur in einem seriösen Blauton gehalten ist. Trotz seiner Schönheit war Valparaíso auch die beschissenste Stadt auf unserer Reise. Die überall herumstreunenden Straßenhunde sorgen dafür, dass viele Gehwegabschnitte besonders weich zu begehen sind. Guckste nicht hin, stehste schon drin.
Bei einem Stadtrundgang standen wir plötzlich vor einer katholischen Musikuniversität. Der liebenswerte Pförtner sagte mir, es sei sicher kein Problem, morgen Vormittag für ein bis zwei Stunden ein Klavierzimmer zu bekommen. Er wolle im Sekretariat Bescheid geben. Mit dem Kopf voller Melodien und den Händen voller Noten stand ich am nächsten Tag wieder im Eingangsportal. Und siehe da!!! Es wurde wieder nichts. Der Pförtner erklärte mir bedröppelt, dass nur Studenten und Dozenten der Universität hier üben dürfen. Ausnahmen ausgeschlossen. Nicht nur die Preise sind hier in Chile auf deutschem Niveau, die bürokratische Borniertheit ist es auch. Dabei

bin ich in Deutschland eine Berühmtheit, die kurz vor ihrem Durchbruch steht! Aber das weiß ja hier keiner.

Ein barockes Orgelkonzert in einer ehrwürdigen deutschen Kirche Valparaísos demonstrierte mir volltonig, wie verschlossen mir die musikästhetische Pforte zur Orgelmusik immer noch ist. Die esoterische Agogik vieler Organisten verursacht bei mir seelische Verkrampfungen. Das Zeitmaß wird scheinbar willkürlich zerschnitten. Verzierungen werden zu Millisekunden zerkrümelt oder zum zeitlich prominenten Hauptgedanken aufgebläht. Einen eindeutigen Puls sucht man oft vergebens. Die Crux dabei ist, dass dieses musikalische Holpern nicht im Unvermögen der Organisten zu suchen ist, sondern dass diese Temposchwankereien als musikalisches Ausdrucksmittel an den Musikuniversitäten gelehrt werden. Manchmal möchte ich einen orgelnden Organisten fragen: „Na? Takt gefunden?" Aber das ist die falsche Frage, denn er sucht ihn gar nicht. Gelegentlich muss ich mich anhand des beeindruckenden Lebenslaufs im Programmheft davon überzeugen: Das ist kein Versehen! Der will das so! Insbesondere die barocke Instrumentalmusik erscheint mir als Ebenbild eines reibungslos laufenden musikalischen Uhrwerks. Die gegenläufigen Stimmbewegungen greifen wie Zahnräder ineinander, alles ist sich bewegende Struktur und fließendes Gleichmaß. Das Gefühl von Ordnung stellt sich aber nicht ein, wenn sich einzelne Zahnräder verklemmen und der Sekundenzeiger plötzlich nach vorne schnellt, um dann eine mehrsekündige Pause einzulegen. Solche musikmechanischen Defekte verursacht der Organist. Und zwar ABSICHTLICH! Jeder sachkundige Kirchenmusiker wird den Kopf schütteln über so eine historisch und musikästhetisch unfundierte Meinung. Aber ich armer unbedarfter Rockmusiker höre nun einmal beim Lesen barocker Notenbilder innerlich einen beruhigend schwingenden, sanft tickenden Taktschlag. Und diese

bescheidene Erwartungshaltung wird vom Organisten meist virtuos zertrümmert. Ich bin hier nicht Täter! Ich bin Opfer!
Die größte Anstrengung bei Orgelkonzerten ist für mich allerdings das unwillkürliche Mitleiden mit dem Organisten. Obwohl ich weiß, dass die scheinbaren Patzer gewollt sind, glaubt mein Unterbewusstsein trotzdem an den überforderten Organisten, der die überlange Fermate braucht, um seine Füße und Hände neu zu sortieren und der, verzweifelt schwitzend, den Schlussakkord herbeisehnt. Es erinnert mich an eine Episode aus meiner Schulzeit, als unser damaliger Religionslehrer, ein liebenswürdiger, aber oft hilfebedürftig wirkender Herr, in unseren laufenden Musikunterricht geriet, sich stammelnd entschuldigte, um dann, unbeholfen durch die Bänke stolpernd, seine Gitarre zu suchen. Ich konnte nicht anders als mitzuleiden, bis er sich und seine Gitarre nach mehrmaligem Anecken an Stühlen und Schülerrücken wieder aus dem Raum gebracht hatte. Ähnlich bange ich verkrampft mit dem scheinbar hilflosen Musiker an der Orgel, der sich derweilen, über mir thronend, freut, wie originell ihm gerade die verschleppte Sechzehnteltelgruppe in Takt 54 gelungen ist. Es ist nicht fair, dass sich der Organist seines Lebens freut, während ich für ihn leide!

Warum, fragt ihr euch jetzt, erzählt er uns das? Nun, die Überfälle halten sich gerade in Grenzen, das Wetter ist gut, der Stuhlgang fest, da hat man Zeit, auch mal über Abwegiges zu philosophieren.

Chau chicos,
Claudio

„They Dance Alone“

Liebe Leser,

wenn euch der vorweihnachtliche Friede heilig ist, stopft die Mail in den Papierkorb und schmückt weiter das Haus. Aber vielleicht schadet es gerade zu Weihnachten nicht, sich bewusst zu werden, wie viele Menschen auf dieser Welt im Abgrund lebten und leben. Außerdem muss ich mir das Ganze mal von der Seele schreiben. Vielleicht kann ich es leichter ertragen, wenn ich es weggeschrieben habe.

Salvador Allende war der erste Präsident, der als bekennender Sozialist demokratisch an die Macht gelangte und die Demokratie auch während seiner Amtszeit achtete. Seit er 1970 zum Präsidenten Chiles gewählt worden war, trieb er die Verstaatlichung der Kupferminen voran, um den dortigen Einfluss der USA zu minimieren und forcierte eine gerechtere Landverteilung. Bildungs- und Gesundheitssystem waren während seiner Präsidentschaft weitgehend kostenlos. Vielleicht hätte sich im chilenischen Experiment zeigen können, dass sich Demokratie und eine bestimmte Ausprägung des Sozialismus nicht ausschließen müssen, dass die Gedanken Marx' und Engels', die aus einem starken Empfinden für die Ungerechtigkeiten des Industriezeitalters heraus geboren wurden, nicht in pervertierten Formen wie Maoismus und Stalinismus enden müssen. Aber diese Chance wurde vertan. Womöglich wäre das idealistische Streben Allendes auch ohne die Einflussnahme der USA gescheitert, aber das sind sinnlose Spekulationen. Fakt ist, dass Henry Kissinger, der wie Bismarck nichts gegen eine Blut-und-Eisen-Politik einzuwenden hatte, wenn sie seinen Zielen nützte, sagte: „Ich sehe nicht ein, warum wir zusehen sollten, wie ein Land durch die Unverantwortlichkeit seiner Bürger

kommunistisch wird. Diese Angelegenheiten sind zu wichtig, als dass sie den chilenischen Wählern zur Entscheidung überlassen werden können." Die Chilenen wurden also für nicht reif genug befunden, um in einer Demokratie zu leben. Die Vereinigten Staaten boykottierten daher Allendes Regierung mit allen Mitteln. Man verhängte ein Wirtschaftsembargo, finanzierte extremistische Gruppierungen und schreckte auch vor politischem Mord nicht zurück.
Nach dem von der CIA unterstützten Putsch Pinochets am 11. September 1973 ging in Chile schließlich das Licht für siebzehn Jahre aus. Allende starb unter ungeklärten Umständen und Fabrikgebäude und Fußballstadien füllten sich mit politischen Gefangenen. Allein im Estadio Nacional in Santiago wurden 40000 Menschen zusammengetrieben. Dann setzten die Exekutionen und Folterungen ein. Man schätzte die Zahlen der Ermordeten und Gefolterten, aber was sagen Zahlen über das Leid? Wer kann sich sechs Millionen ermordete Juden vorstellen? Ich mute euch deshalb jetzt zwei Opferberichte zu. Zwei von Ungezählten, die die Valech-Kommission zusammengetragen hat. Aber wenn ihr glaubt, es nicht zu ertragen, überspringt es bitte. Das meine ich nicht zynisch.

Frau, gefangen genommen im Oktober 1975, im Regiment Arica in La Serena:

„Ich war im fünften Monat schwanger, als ich gefangen genommen wurde. [...] Stromfolter an Rücken, Vagina und After; die Nägel von Fingern und Zehen wurden gezogen; viele Male Schläge mit Schlagstöcken und Gewehrkolben auf den Hals; vorgetäuschte Exekutionen, sie haben mich nicht umgebracht, aber ich musste zuhören, wie die Kugeln direkt neben mir eingeschlagen sind; ich wurde gezwungen, Medikamente zu nehmen; sie haben mir Pentothal gespritzt mit der Warnung, dass ich unter der

Hypnose die Wahrheit sagen würde; auf dem Boden mit gespreizten Beinen festgehalten wurden mir Ratten und Spinnen in Vagina und After eingeführt, ich fühlte, wie sie mich bissen, ich wachte in meinem eigenen Blut auf; [...] ich wurde an Orte gebracht, wo ich unzählige Male und immer und immer wieder vergewaltigt wurde, manchmal musste ich den Samen der Vergewaltiger schlucken oder ich wurde mit ihrem Ejakulat im Gesicht und auf dem ganzen Körper beschmiert; sie zwangen mich, Exkremente zu essen, während sie mich schlugen und traten, auf den Rücken, auf den Kopf und in die Hüfte; unzählige Male erhielt ich elektrische Schläge. [...]“

Frau, Region Metropolitana, 1974:

„[...] Sie zwangen mich, Drogen zu nehmen, vergewaltigten mich, ließen einen Hund mit mir Sex haben und führten lebende Ratten in meine Vagina und meinen gesamten Körper ein. Sie zwangen mich, Sex mit meinem Vater und meinem Bruder zu haben, die auch gefangen waren. Außerdem sah und hörte ich deren Folterungen. [...]“

Ich bekomme die Bilder nicht aus meinem Kopf.
Vielleicht wird es nach der Mail besser.
Vielleicht ist es auch gut, sie nicht aus dem Kopf zu bekommen.

Pinochet musste 1990 abdanken, starb aber, bevor es zu einer Verurteilung kommen konnte. Aufgrund der immer noch großen Macht des Militärs in Chile gingen fast alle Schuldigen straffrei aus. Die USA, die diese Knochenmühle in Chile möglich machten, ließen der Regierung Pinochets noch 1976 eine direkte Hilfe von 290 Millionen Dollar zukommen. Die Verantwortlichen in Amerika waren also nicht entsetzt über die Geister, die sie gerufen hatten, sondern begrüßten die chilenische Entwicklung auch dann noch, als das Ausmaß der Menschenrechtsverletzungen längst offenkundig war. So

wie sich die Katholische Kirche in den Minen von Potosí die genehmste Wahrheit schuf, so schufen sich auch die USA im 20. Jahrhundert immer wieder neue praktische Wahrheiten.
Demokratie ist nur solange gott- und USA-gewollt, wie die wirtschaftlichen und politischen Interessen der USA nicht verletzt werden. Menschenrechtsverletzungen sind vernachlässigbar, wenn die jeweilige Diktatur bereit zur wirtschaftlichen Kooperation ist. Ein Angriffskrieg ist legitim, wenn die eigenen Rohstoffressourcen in Gefahr sind.
Da man diesen Irrsinn dem amerikanischen Volk nicht so unverhüllt verkaufen kann, missbraucht man die Religion gern als Verpackung. Dann muss das amerikanische Volk vor der gottlosen roten Brut oder den muslimischen Horden geschützt werden oder man proklamiert einen Kreuzzug gegen das Böse. Es ist abgeschmackt, sich selbst zu zitieren, aber ich habe in dem Lied „Would You Like to Stay in Guantanamo Bay?“ einen konservativen Amerikaner sagen lassen:

„If we decide that black is white
That good is bad and wrong is right
Then god change rules with mighty hand
Cause we are his own land
No matter what you do
Jesus loves us more than you”

Man versucht nicht, nach Gottes Willen zu leben, sondern man sagt Gott, was sein Wille ist.

Ach, der jugendliche Heißsporn, wie er sich echauffiert! So einfach ist die Welt doch nicht! Sie ist nicht einfach nur rund! Sie ist auch noch an den Polen abgeflacht. Und bedenke die hohen Gebirge und die tiefen Schluchten! Und die Plattentektonik! Und du verurteilst hier im Eifer des Weltverbesserers mal eben die gesamte westliche Welt! Du siehst doch gar nicht die komplex vernetzten

Zusammenhänge!
Nein, aber ich glaube, es gibt Dinge, die sind immer falsch. Und wir sind träge und faul geworden und uns interessiert nicht mehr, was in und an der Welt nicht stimmt. Und wenn wir aus Versehen etwas hören, was uns nicht gefällt, wenn wir von Abu Ghraib und Guantanamo Bay hören, dann denken wir, so schlimm wird es schon nicht sein. Sicher alles nur Populismus. Und wenn wir lesen, dass Deutschland Europameister im Waffenexport ist, dann zucken wir mit den Achseln, denn was geht uns das an? Immerhin schafft das doch deutsche Arbeitsplätze. Und am Schönsten ist immer der Gedanke: Was kann ich kleines Licht schon machen gegen das Unrecht in der Welt?
Ehrlich gesagt, ich weiß es auch noch nicht. Aber vielleicht kommt uns ja eine Idee. Es ist schließlich Weihnachten.

Macht's gut,
Claudius

„It's a Long Way to the Top …"

Liebe Leser,

mit dem Texteschreiben ist es wie mit dem Liederkomponieren. Manchmal fällt einem aus heiterem Himmel eine Phrase in den Kopf, die man dann vergnügt vor sich hin summt oder die man sich schmunzelnd immer wieder selbst vorliest, um sich an der eigenen Lustigkeit zu ergötzen. Und manchmal legt sich ein Gedankenbrett quer und es herrscht allgemeine Hirnblockade. Jede humorige Formulierung klingt dann selbst mir zu gewollt, jeder Satz, in dem ich mit schillernder Eloquenz brillieren will, wirkt gestelzt und Ausführungen zu Themen, die mich betroffen machen, riechen nach Moralapostelausdünstungen. In dieser trüben schriftstellerischen Phase befinde ich mich seit einigen Tagen. Ich hoffe, mich mit diesem sehr persönlichen Bekenntnis freigeschrieben zu haben. Falls nicht, dann seht die folgenden Zeilen einfach als Teil meiner kreativen Krankheitsgeschichte.

Die viertägige Rundwanderung um den Vulkan Lonquimay im Nationalpark Malcahuello-Nalcas entsprach emotional einer turbulenten Ehe im Zeitraffer. Freude, Euphorie, Schmerz, Angst, Unzufriedenheit und immer wieder die Hoffnung, dass es besser wird oder bald vorbei ist. Ich habe zumindest von solchen Ehen gehört.
Begleitet von Sonne und unschuldigen Schäfchenwolken begann unsere Tour idyllisch in immergrünem Araukarienwald. Nach und nach wichen diese Bäume mit ihren spitz zulaufenden „Blatt-Nadeln" einer kargen Lava-Einöde, in der farbige Pflöcke in großen Abständen darauf hinwiesen, dass man sich noch nicht völlig verlaufen hatte. Nach zwei Passüberquerungen und dem beeindruckenden Erstkontakt mit dem patagonischen Wind standen wir dann plötzlich vor einem Geröllfeld aus scharfkantigem

Lavagestein. Es war ein weites Feld. Ausgerechnet inmitten dieses schwarzen Lavaauswurfs verließ uns der Weg. Grußlos. Die Markierungen waren entweder nicht mehr vorhanden oder versteckt unter regelmäßig herumliegenden Schneefeldern. Nach zwei Stunden enervierendem Herumstolpern durch dieses knöchelverstauchfreundliche Geröll war der Weg so plötzlich wieder da, wie er verschwunden war. Nachdem wir einen dritten Pass erklommen hatten, erreichten wir gegen Abend eine ausrangierte Allrad-Piste, die sich entlang der Berghänge abwärts wand. Mein physischer Akku blinkte rot, die Füße waren aufgrund vieler Schneefeldüberquerungen mal wieder klitschnass und der Wind pfiff mir um die tropfende Nase. Also ging ich ins innere Exil und flüchtete mich in heimelige Gedanken. Es roch nach Lebkuchen und Stollen und ich hörte den elterlichen Holzofen lustig knäckern, als mich ein Schneefeld wieder in die ungemütliche Realität zwang. Es wuchs hangabwärts über unsere „Straße" und es war steil. Also so was von steil! Also meine Herren! In meiner Erinnerung wird es jeden Tag noch ein bisschen steiler. Im Tal markierten große Felsblöcke das Ende des Schneefeldes und damit auch den Ort, an dem ein möglicher Sturz sein gesundheitschädigendes Ende finden würde. Ich hatte wirklich Angst. Aber es wurde langsam dunkel und zurück konnten wir auch nicht. Also mit zitternden Knien aufs Schneefeld. Je nach Betrachtungsweise war ich ein kleiner Held oder ein kleiner Feigling. Wobei, vielleicht ist ein Held auch nur ein Feigling, der seine Angst im richtigen Moment überwindet.[15] Meine Hände gruben sich in den verharschten Schnee, während ich mit meinen Schuhen

---

15 Puh, es geht doch nichts über ein paar ausgelatschte Plattitüden.

Stufen in den Schnee hackte. Als ich endlich drüben war, überlegte ich, ob ich ein Bild von Maria machen solle, die sich noch auf dem Schneefeld befand. Aber ich hatte den schwachsinnigen Gedanken, mein Fotografieren könnte Marias Absturz auslösen. Es gibt also keinen Beweis dafür, wie steil dieses Ding wirklich war. Um meine Finger wieder warm zu bekommen, steckte ich sie an den einzigen zentral gelegenen Ort, der noch trocken war. Beunruhigenderweise blieb auch nach dem schmerzhaften Auftauprozess in drei Fingerkuppen ein Taubheitsgefühl zurück, das erst nach vierzehn Tagen langsam abklang. Eine lange Zeit für einen Hypochonder. Wenn ich wirklich mal krank sein sollte, möchte ich nicht in meiner Nähe sein.

Abends am Lagerfeuer fielen dann die ersten Schneeflocken. Während nachts immer wieder kleine Dachlawinen vom Zelt rutschten, malte ich mir mit Schrecken den nächsten Tag aus. In der Wegbeschreibung stand, dass unser Weg morgen von der Schotterpiste abzweige und dass diese Abzweigung schwierig zu finden sei. Wie man diesen Weg unter einer geschlossenen Schneedecke finden sollte, regte mich zu allerlei nächtlichen Spekulationen an. Die metaphysische Frage „Warum sind wir hier?" bekam einen ganz konkreten örtlichen Bezug. Am nächsten Morgen schlüpften wir in die nassen Schuhe, bauten das triefende Zelt ab und stapften über den schneebedeckten Pfad. Mein morgendliches Gebet nach einem Schneestopp wurde prompt erhört. Es fing stattdessen an zu regnen. Er hat manchmal einen eigenwilligen Sinn für Humor. Nachdem wir zwei vom Winter dahin gemeuchelte Brücken überquert hatten und Maria bis zum Knie in einem Schneeloch versunken war, zog sich der Schnee nach und nach zurück und der Wegabzweig, der mich kostbaren Schlaf gekostet hatte, lag gut sichtbar und schneefrei vor uns. Sorgen sind wirklich eine absolut überflüssige menschliche Erfindung. Der Mischwald, der uns nun umgab, dampfte feucht und maigrün und der dauerhafte Nieselregen fügte sich schlüssig ins Landschaftsbild ein. Ich musste an die Liedzeilen denken:

„What you like or what you don't like
doesn't matter anyway
But the weather seems much better
when you smile along the way."

Die Band heißt, glaub ich, Playground oder so. Kennt keine Sau, aber tolle Musik.[16]
Die nächsten beiden Tage hatte der Himmel ein Einsehen und ich bedauere, den nuancierten Abstufungen der Farbpallette nicht mehr Herr zu sein, um die erlebte Pracht anschaulicher machen zu können. Kann Moos lind- oder lodengrün sein? Und wenn ja, klingt denn das? Jedenfalls staute eine rote Lavazunge kristallklare Bäche zu kleinen Seen, deren Boden mit hellgrünen Wasserpflanzen-Kissen bedeckt war und aus denen abgestorbene Bäume ihre weißen Äste in den blauen Himmel reckten. Im Hintergrund erhob sich breitschultrig der schneebedeckte Lonquimay. Man bräuchte mehr Augen.
Auch wenn es auf so einer Wanderung Momente gibt, wo man vergisst, warum man das eigentlich macht, es gibt genug Momente, da fällt es einem sehr schnell wieder ein.

Da es bei der Besteigung des aktiven Vulkans Villarica im chilenischen Seengebiet immer wieder zu schweren Unfällen kam, wird unerfahrenen Bergsteigern dringend zu einer geführten Tour geraten. Weil wir noch nie einen Vulkan bestiegen hatten, zählten wir uns ganz bescheiden zu den Führungsbedürftigen und gingen zu einer Agentur. Mit Steigeisen und Eispickel bewaffnet, ging es über die teilweise vereiste Flanke des Berges im Zickzack bergauf.

---

16 Es handelt sich um die Band des Autors.

Die Guides hatten uns ausführlich erläutert, wie man den Eispickel in den Schnee rammen muss, wenn man strauchelt und den Hang hinunter segelt, aber ein bisschen mulmig war mir trotzdem. Ich wollte gar nicht erst segeln. Anderen kroch die Angst allerdings noch tiefer in die gestärkten Unterhosen. Sieben Teilnehmer unserer circa zwanzigköpfigen Gruppe brachen aus psychischen oder physischen Gründen vor dem Gipfel ab. Wenn man es so erzählt, hört es sich an, als wären wir Teil eines alpinen Selbstmordkommandos gewesen. Die Abbruchquote lässt sich allerdings viel unspektakulärer erklären: Da der Villarica der meistbestiegenste Vulkan Chiles ist und als einfach gilt, versucht sich praktisch jeder an diesem Vulkan. Die durchgestylte Partygöre, die ein cooles Gipfelbild von sich auf ihrem Internetblog posten will, ebenso wie der hüftstarke Couchbewohner, der seinen Kontakt zur Natur normalerweise auf Heimatfilme und die Krombacherwerbung beschränkt. Vollends relativiert sich unsere sportliche Leistung, wenn man erwähnt, dass wir zwei Damen aus Holland trafen, die den Vulkan mit ihren 72 und 73 Jahren ein paar Tage vor uns bestiegen hatten. AUS HOLLAND! Einem Land, das so flach ist, dass jeder Maulwurfshügel sein eigenes Gipfelkreuz hat. Die beiden alten Mädels waren wirklich unglaublich. Aber ich schweife mal wieder ab.

Beim Abstieg verlor eine Frau die Kontrolle über sich und ihre Bewegungen und rauschte, die scharfkantigen Steigeisen voran, auf Maria zu. Maria versuchte, der unfreiwilligen Rodlerin auszuweichen, wurde aber dennoch von ihr umgerissen. Wie beim Staffellauf übernahm sie die kinetische Energie ihrer Vorrutscherin und rutschte weiter. Von wegen Eispickel in den Schnee schlagen, wenn so etwas passiert. Man ist ja viel zu sehr mit dem Rutschen beschäftigt, um sich noch über anderes Gedanken zu machen. Die Guides wurden zum Glück nicht umsonst von uns bezahlt und einer von ihnen stoppte Marias

außerplanmäßigen Ausflug. Das letzte Stück des Berghangs wurde dann auf einer Arschbulette sitzend zurückgelegt. Ich kenne leider kein wohlklingenderes Wort für dieses zweidimensionale Plastiksitzrutscherle. Bei dem Neigungswinkel des Hanges handelte es sich genau genommen eher um eine Art kontrollierten Absturz, der sehr kurzweilig und nassärschig verlief.
Alles in allem eine feine Sache, so eine Vulkanbesteigung.

Mein Unterbewusstsein setzt sich inzwischen behutsam mit der Tatsache auseinander, dass ich bald wieder Teil der werktätigen Bevölkerung sein werde. Die Arbeitseinstellung, die dabei in meinen Träumen zutage tritt, ist sehr aufschlussreich. Ich träumte, mir sei während der schulischen Projekttage nur ein einziger Schüler zugeteilt worden. Statt am Projekt zu arbeiten, spazierten wir durch die Stadt und der Schüler kaufte mir eine Flasche Bier und eine Flasche Schnaps. In einem Café, das gleichzeitig als Tierhandlung und Autowerkstatt fungierte, regten sich bei mir dann doch moralische Bedenken und ich sagte meinem kleinen Siebtklässler, dass ich den Alkohol unmöglich mit ihm teilen könne. Er sei schließlich noch minderjährig. Der Wirt des seltsamen Cafés verstand nur die Hälfte unseres Gesprächs und war der Meinung, wir wollten in seinen Räumlichkeiten Drogen konsumieren. Nachdem er uns wegen unseres vermeintlichen schändlichen Vorhabens abgekanzelt hatte, kanzelte ich zurück und erklärte ihm barsch den tatsächlichen Sachverhalt. Seine ungerechtfertigte Schelte war dem Wirt so peinlich, dass er mir einen großen Beutel mit Süßigkeiten schenkte. Als ich gegen Mittag beschloss, den Projekttag für beendet zu erklären, begehrte der Schüler auf. Er wolle mir noch seine Fuge zeigen. Die sei schließlich das Projekt. Ich wusste nicht einmal, ob es sich um eine barocke Fuge oder um eine Fliesenfuge handelte. In beiden Fällen hätte ich herzlich wenig dazu sagen können. Das Ende des Traums ist verschwommen.

Vermutlich habe ich den Jungen trotzdem nach Hause geschickt. Das scheint mir der schlüssigste Schluss. Die Schule, die mich bekommt, kann sich auf etwas gefasst machen.

Schüss und bis zum nächsten Jahr,
Claudius nebst Gemahlin

Exhibitionistische Innenansichten

Liebe Leser,

manchmal möchte ich literarisch Amok laufen und euch mit einer vollen Breitseite aller Fakten, Gedanken, Eindrücke und Landschaftsbilder des letzten halben Jahres eindecken, um das Erlebte umfassender teilen zu können. Aber das kann Taubert nicht leisten. Schon jetzt habe ich gelegentlich bei Wanderungen und Ausflügen über Formulierungen gegrübelt, anstatt einfach den Moment zu genießen. Bei noch größeren literarischen Ausschweifungen wäre ich vermutlich schon längst im Strudel der Details abgesoffen. Außerdem ist mein Wunsch, meine Erlebnisse ganz mit euch zu teilen zwar nachvollziehbar, aber trotzdem völliger Humbug. Die eigenen Erlebnisse und Empfindungen bleiben schließlich immer nur sehr unvollständig mitteilbar und teilbar. Egal, was ich euch wie erzähle, ihr werdet dabei sowieso andere Bilder im Kopf haben als ich. Das klingt zwar etwas einsam, macht aber die eigene Welt im Kopf auch zu einem einzigartigen und exklusiven Refugium. Zu guter Letzt, um den Exkurs abzurunden, tröstet mich die Tatsache, dass euch ein lückenloser Reisebericht allenfalls als Schlafmittel gedient hätte. Prousts Mammutwerk „Auf der Suche nach der verlorenen Zeit" gilt nicht zuletzt aufgrund seiner ausufernden Detailverliebtheit als beinah unlesbar. Mich hat das bisher so abgeschreckt, dass ich noch nicht einmal versucht habe, es zu lesen. Na, das wollen wir doch nicht. Also werde ich mich weiterhin damit begnügen, winzige Fragmente des monumentalen Gemäldes nachzuzeichnen, in dessen Betrachtung wir sechs Monate lang versunken waren. Das Licht ist etwas schummrig, die Farben der Wörter sind mal zu blass, mal zu grell geraten, aber ich hoffe, ihr könnt trotzdem etwas erkennen. Vermutlich jeder etwas anderes.

Das Busnetz im südlichen Patagonien ist nicht sonderlich engmaschig gestrickt. Aus diesem Grund mieteten wir uns im argentinischen Bariloche für zwei Wochen einen Pickup, stopften die Ladefläche mit Essen und Rotwein voll und fuhren los. Die vierzehn Tage glitten so schnell vorüber, wie ein Messer durch Butter schneidet. Wiederkehrende Leitmotive waren einsame Zeltplätze, Lagerfeuer, Cabernet Sauvignon, Folienkartoffeln, mehr oder weniger durchlöcherte Schotterpisten und Regen. Außerdem regelmäßiges Waschen und Baden in Gletscherseen und -bächen, was mich meiner eigenen Urmännlichkeit ein Stück näher gebracht hat. Ich spüre eindeutig einen ersten mentalen Brusthaaransatz.

Da wir in Chile die Carretera Austral gen Süden fahren wollten, stand uns wieder einmal ein Grenzübertritt bevor. In der argentinischen Zollstation herrschte eine Gelassenheit, die schon kataleptische Züge aufwies. Ein Zollbeamter des phlegmatischen Dreiergespanns schlürfte seelenruhig seinen *mate*, während er mit dem dynamischen Pepp eines Dreizehenfaultiers unsere Daten in den Computer tippte und anschließend vor lauter Anstrengung vergaß, meinen Pass abzustempeln. Der große Hund des zweiten Zollbeamten kotzte beiläufig im Vorbeigehen einen großen Schwall Schlechtverdautes zwischen die beiden Schreibtische. Der einzige Beamte, der das mitbekam, war unser gemütlicher Matetrinker, der es allerdings für außerhalb seines Aufgabenbereichs befand, den Hundebesitzer auf die Sauerei aufmerksam zu machen. Dieser merkte erst, als er mit beiden Füßen in der Pfütze stand, dass es hier schon eine Weile lustig roch. Der dritte Beamte, der auch noch irgendetwas zu stempeln hatte, war ein bärtiger Waldschrat, der vor Unzeiten aus Deutschland ausgewandert war und uns als willkommenen Anlass sah, sein verstaubtes Deutsch aus der Schublade zu ziehen. Da er sich jedoch bemühte, die Konversation mit geschlossenem Mund zu führen und sich die sparsam artikulierten Silben zudem in seinem dichten Bartgeflecht verfingen, wissen wir bis heute nicht zweifelsfrei, was er uns eigentlich sagen wollte.

Am relativ unbekannten Yelcho-Gletscher nahe der Carretera Austral.[17] Der Weg zum Gletscher wand sich durch Riesenrhabarber, Farne und namenloses Grün. Da wir uns den Pfad häufig mit Bachläufen teilten und es von oben stetig aus undichten Wolken tropfte, war unsere Kleidung bald mit Wasser gesättigt. Nachdem wir einige Gletscherbäche auf rutschigen Baumstämmen überquert hatten, geschah es beinah: das Ereignis, das zum vorzeitigen Abbruch der Reise geführt hätte. Wir wanderten gerade über eine kleine Anhöhe, als ein Felsbrocken unter Marias Füßen nachgab und sie stürzte. Ein zweiter sehr großer Stein löste sich und kam über Marias Fuß zu liegen. Ich sah Marias Sturz und den nachrollenden Stein, als wäre ich mitten in einer Zeitlupe eingefroren worden und wartete auf ihren Schmerzensschrei, der nicht kam. Der Stein war nämlich so zu liegen gekommen, dass er zwar über, aber nicht auf Marias Fuß lag. Maria blieb genug Spielraum, um ihren Fuß wieder aus dem steinernen Gefängnis zu ziehen. Glück/Gnade/Gutes Karma? Jeder nach seiner Konfession. Aber das hätte schief gehen können. Bald darauf erreichten wir ein mächtiges Schneefeld, das uns den Weg zum Gletscher versperrte. Es war etliche Meter dick und mitten im Tauprozess. Unter dem Schneefeld war bereits eine Höhle entstanden, aus der ein Fluss mit Tauwasser strömte und an den Rändern waren bereits große Abbrüche zu sehen. Wenn sogar Marias innere

17 Warum nicht auch mal in Ellipsen.

Stimme deutlich vernehmbar „Nein“ ruft, wozu lange überlegen? Wir kehrten um. Da der Weg schließlich das Ziel ist, muss man nicht immer ankommen.

Der Ort Chalten wurde vor zwei Jahren durch einen Vulkanausbruch in ein modernes Pompeji verwandelt, mit dem Unterschied, dass hier die Bevölkerung rechtzeitig evakuiert werden konnte. Ein zwiespältiger Eindruck. Man empfindet Mitleid mit den Menschen, die hier alles verloren haben, aber staunt auch über die mächtige Faust der Naturgewalten. Viele Häuser waren türhoch in weißer Vulkanasche einbetoniert. Einem Haus in Flussnähe hatte es den halben Unterleib weggerissen. Eine Wendeltreppe und ein Teil des Holzbodens hingen wie Eingeweide aus dem aufgerissenen Häuserleichnam. In einem anderen Haus war der Fußboden mittig angehoben und zur Pyramide zerborsten. Schmutziges Geschirr und Kinderspielzeug suggerierten in einigen Häusern, dass die Besitzer jeden Moment wieder zurückkehren könnten. Nun, einige tun dies tatsächlich. Mehrere Häuser sind bereits der Asche entrissen, instand gesetzt, ausgebessert und die chilenische Fahne weht stolz im Garten. Die umgesiedelten Bewohner kehren nach und nach zurück und in zehn Jahren werden vielleicht nur noch vereinzelte Häuserruinen und Aschereste an die Katastrophe erinnern.

Das Valle Chacabuco, das auch als die Serengeti des Südkegels bezeichnet wird, führte uns nach einigen Tagen wieder gen Argentinien. Da die *guanacos* hier nicht geschossen werden dürfen, stehen sie in großen Gruppen samt Jungtieren direkt an der Straße und schauen einen treuherzig an. Wir schätzen, hier ungefähr 800 bis 1000 Tiere gesehen zu haben. Eine Fuchsfamilie, die ihren Bau am Straßenrand hatte, bildete den faunistischen Höhepunkt. „Oh, sind die niedlich!“ möchte man sagen, wenn es nicht so platt klänge.

Mit dem erneuten Grenzübertritt nach Argentinien wurde ein neues Bild in den Diaprojektor geschoben. Landschaft und Vegetation sind wegretuschiert. Was noch zu sehen ist, ist eine nackte endlose Ebene, deren Blöße nur notdürftig von gelbem Gras und verstaubten Büschen bedeckt wird. Ein hervorragender Ort für Buddhisten, um sich im Nichts zu versenken, denn davon gibt es hier jede Menge. Statt Regen begegnete uns nun ein ungleich ungemütlicherer Gegner: der patagonische Wind. Ausgerechnet zu Weihnachten schwang er sich zur Höchstform auf. Man konnte das Auto kaum verlassen, aus Angst, die Tür werde einem aus der Hand gerissen. Der Wind beschleunigte unser Auto auf ebener Strecke im Leerlauf von null auf über zwanzig Kilometer pro Stunde. Die Realität kann manchmal sehr unrealistisch sein. Die Abdeckplane unserer Ladefläche wurde systematisch zerfetzt und schließlich vom Wind als Seitensegel zweckentfremdet. Da die Plane und alles auf der Ladefläche befindliche Essen drohte, auf Nimmerwiedersehen in den Orbit aufzusteigen, blieb mir keine Wahl, als mich dem unsichtbaren Gegner zu stellen. Ich musste an den Film „Twister“ denken, während ich mich am Auto festklammerte und versuchte, die Plane zu sichern und die Essenskisten ohne große Verluste ins Wageninnere zu befördern. Da der Wind immer schlimmer wurde und an Zelten ohnehin nicht zu denken war, fuhren wir das Auto in den relativen Windschutz eines verlassenen Gehöfts. Der dann doch existente Besitzer hatte zum Glück nichts gegen unseren Hausfriedensbruch und so verbrachten wir die heilige und windige Nacht eingehüllt in Schlafsäcke auf den Vordersitzen unseres Wagens. Eine rot getigerte Katze leistete uns ein wenig Gesellschaft und ließ zumindest ein bisschen weihnachtliche Gemütlichkeit aufkommen. Da sie gerade ihr Winterfell verlor, war ich außerdem nach unserer Begegnung sehr schön flauschig.

Der Perito-Moreno-Gletscher war der fulminante Schlusspunkt unserer Autoreise. Man ist versucht, die zerklüfteten blauen Eismassen, das donnernde Kalben des Gletschers und die ehrfurchtgebietende sechzig Meter hohe Abbruchkante zu beschreiben, aber das funktioniert nicht. So was muss man gesehen haben.

– Viele Erlebnisse liegen zwischen diesen beiden Gedankenstrichen –

Ich wäre gern mit 27 Jahren schon altersweise. Das käme mir sehr schön vor. Im Laufe der Reise hatte ich immerhin ab und an den Eindruck, wenigstens etwas reifer geworden zu sein. Nun ja, im Rahmen meiner Möglichkeiten. Und dann lege ich kurz vor Ende noch mal eine psychische Bauchlandung hin, nach der ich mich gefragt habe, ob ich überhaupt irgendetwas gelernt habe? Es war ein Tag auf unserer viertägigen Wanderung im Fitz-Roy-Gebirge. Die Natur hatte ihr schönstes Kleid angezogen und tanzte mit der Sonne im Wiegeschritt, während ich mich obskuren Zukunftsängsten hingab. Ich malte mir meine Überforderung an meiner neuen Arbeitsstelle in den schreiensten Farben aus und suhlte mich in meiner zukünftigen Hilflosigkeit. Dabei hatte ich mir im Referendariat, der angeblichen Vorhölle für werdende Lehrer, den Ruf eines entspannten Müßiggängers hart erarbeitet und es besteht kein Anlass, an einer Fortsetzung dieser Karriere zu zweifeln. Außerdem hatte ich seit der Villarica-Besteigung Knieschmerzen, die an besagtem Tag des Leidens besondere Präsenz zeigten. Anstatt die Schmerzen einfach zur Kenntnis zu nehmen, hatte ich den Eindruck, der Schmerz der ganzen Welt balle sich in meinem Knie. Vermutlich würde ich nie wieder längere Wanderungen oder Bergbesteigungen in Angriff nehmen können. Das Leben, wie ich es kannte, war vorbei. Nebenbei bemerkt, hat sich das Knie inzwischen völlig regeneriert.

Ich dachte, genug gelernt zu haben, um in Zukunft auf Sorgen weitgehend verzichten zu können. Herbei gefürchtete Ereignisse treffen so gut wie nie ein und die tatsächlichen Probleme des Lebens tauchen oft so überraschend aus dem toten Winkel auf, dass man sich sowieso nicht auf sie vorbereiten kann. Und ich war glücklich, gelernt zu haben, mehr im Jetzt zu leben, anstatt ständig der Vergangenheit nachzutrauern oder mich vor der Zukunft zu fürchten. Und plötzlich grinst der alte Taubert wieder um die Ecke und sagt „Schönen guten Tach!“ Manchmal frage ich mich, ob der Mensch sich und seine charakterlichen Dispositionen überhaupt ändern kann? Aber dieser Gedanke erscheint mir schlichtweg zu trostlos. Vermutlich ist es meine unveränderbare Veranlagung, wider besseres Wissen zu glauben, dass der Mensch sich ändern kann.
So, liebe Leser, die ihr diesen Text tapfer mit mir bis hier heruntergestiegen seid, wir sind für heute angekommen.

Bis zum nächsten und auch letzten Mal,
Claudius

„Tomorrow Will Be Yesterday“

Liebe Leser,

während ich diese Zeilen schreibe, höre ich das Feuer im elterlichen Holzofen knistern, trinke endlich wieder echten Bohnenkaffee und esse deutsche Weihnachtsplätzchen. Genau genommen ist der Ofen gerade ausgegangen, den Kaffee habe ich schon ausgetrunken und die Kekse neigen sich dem Ende, aber so pingelig wollen wir jetzt mal nicht sein. Eine Abschiedsmail bietet einem leidenschaftlichen „Zitierer“ allerlei Möglichkeiten. Erst wollte ich die Puhdys und den biblischen Prediger mit „Jegliches hat seine Zeit, Steine sammeln, Steine zerstreun …“ zitieren, aber das kam mir dann doch zu bedeutungsschwanger vor. Dann sollte Tucholsky zu Wort kommen mit „Es wird nach einem Happy End im Film jewöhnlich abjeblendt“, um euch deutlich zu machen, wie privilegiert ihr seid, wenn ich euch mit dieser Mail auch nach dem Happy End der Reise noch einen Einblick in das weitere Leben unter Alltagsbedingungen gebe, bevor auch ich abblende. Ziemlich gewollt lustig, bei Licht betrachtet. Das Hessegedicht „Was war mein Leben“ hätte ich sehr gerne als Schlusswort verwendet, aber es klang doch zu sehr nach Lebensende, denn nach Reiseende:

„Was war mein Leben, wenn es heut soll enden?
Verträumt? Verloren? Nein, es war ein Ring
Von stillen Freuden, die mit vollen Händen
Ich nahm und weitergab und neu empfing.
Es war ein Liebesbund mit dieser Erde
Die mich mit ihrer Schönheit tief beglückt
Und immer doch mit mächtiger Gebärde
Mein Ziel hinaus ins Ewige gerückt.“

Hermann Hesse

Auch schwebte mir noch einmal vor, ausgiebig über Erkenntnisse und Schlüsselgedanken der Reise zu resümieren. Aber vieles von dem, was man meint, neu begriffen zu haben, sind Wahrheiten, die schon Buddha, Jesus und Gandhi predigten. Also alles kein visionäres, intellektuelles oder moralethisches Neuland, sondern gewissermaßen alte Zimmer, von denen man immer wusste, dass es sie im Haus gibt, aber die man lange nicht mehr betreten hat. Wir haben lediglich den Schlüssel rumgedreht, den Staub von den Möbeln gewischt und die Schönheit der alten ehrwürdigen Dielen, Holzbalken und antiken Möbel wieder neu entdeckt. Aber diese Zimmer muss jeder selbst suchen und betreten. Darüber zu erzählen, über das Aufgehen im Ganzen, das Im-Jetzt-Leben, das Bewusstwerden der eigenen Verantwortung für diese Welt und dergleichen mehr, klingt für jeden, der den Raum nicht gerade selbst mit einem Tuch gereinigt hat, verstaubt. Da also dieses Unterfangen auch nicht sinnvoll schien, beschloss ich, einfach aufzuschreiben, was ich alles nicht aufschreiben werde. Das habe ich dann hiermit getan. Gut, das war's dann. So schwer es mir fällt, das wird jetzt der Schlusssatz.

Gehabt euch wohl,
Claudius und Maria

PS: Danke fürs Zuhören!

Coda: Der alttestamentarische Gott ist der geistige Vater des Dritten Reichs

Liebe Leser,

aufgrund seines die Reise scheinbar nur streifenden Inhalts wird dieser Exkurs vermutlich als literarischer Wurmfortsatz an den eigentlichen Reisebericht angehängt werden. Diese Positionierung soll aber nicht über die Bedeutung des Textes für mich persönlich hinwegtäuschen. Auf mehreren einsamen Spaziergängen durch die Weiten Südamerikas hielt mich der Lärm dieses Themas, das in mir pochte und rumorte, vom friedvollen Baumelnlassen der Seele ab. Immer wieder schob ich schriftlos Gedankenbausteine neu zusammen, passte erklärende Versatzstücke ein und suchte nach der alles bündelnden Quintessenz. Denn auch wenn die Überschrift etwas anderes vermuten lässt, ist dieser Text nicht als fanatische Hass-Attacke auf das Christentum konzipiert. Der inhaltliche Kern ist weder antireligiös noch nationalsozialistisch verwurmt. Aber ich fürchte, viele christlich geprägte Leser werden vor gerechter Empörung über die Kapitelüberschrift gar nicht mehr fähig sein, die folgenden Zeilen zu lesen, ohne dass ihnen ein ständig rot aufblinkendes „Das darf man nicht!" die Sicht auf den Text nimmt. Schade eigentlich.

In unserem Reisegepäck befand sich auch eine Bibel. Um das Gewicht zu reduzieren, hatte ich ihr den Hardcovereinband abgetrennt, was ihr zu einer etwas heruntergekommenen, mit unserem Aussehen korrellierenden Optik verhalf. Zum Lesen trieben mich zwei Ansätze: Zum einen suchte ich nach einer

Stabilisierung meines über die Jahre schwindsüchtig gewordenen Glaubens. Zum anderen hatte ich das völlig alberne und kindische Ziel, die Bibel einmal von vorne bis hinten gelesen zu haben. Das bringt's wahrscheinlich. Ich weiß schon oft, was in mir vorgeht. Ich weiß nur selten, warum. Ich begann, wie es sich gehört, mit der Schöpfungsgeschichte und flog dann irgendwann in den Psalmen erschöpft aus der Kurve. Man kann viel Positives über die Bibel sagen, aber einen guten Spannungsbogen hat sie weiß Gott nicht. Die Geschichten meiner Kindheit wärmten mich dennoch und viele inneren Bilder meiner kindlichen Vorstellungswelt manifestierten sich wieder in einem zaghaft aufduftenden Erinnerungsnebel.[18] Mehr und mehr stieß mir jedoch auch ein ranziger Beigeschmack auf, der in einigen Zeilen vorschmeckte. Viele dieser Zeilen hatte ich auch früher als euphorischer und dogmatischer Jungchrist gelesen. Auch damals hatte sich mein Gaumen gelegentlich pelzig angefühlt, aber ich tröstete mich mit dem Gedanken, dass ich mich eben noch an den Geschmack von Gottes Wort gewöhnen müsse. Rotwein und Bier brauchten schließlich auch einige Versuche, bis sie bei mir ein Lächeln weckten. Wieviel mehr bedurfte sicherlich Gottes Wort geduldigem Herantasten und Herankosten. Jetzt in Südamerika war es mir allerdings nicht mehr möglich, diese Unstimmigkeiten und bedenklichen Wendungen ohne Widerspruch hinzunehmen. Der Vergleich mit dem Dritten Reich wurde nicht von mir herbei gewünscht, sondern schlich sich völlig ungebeten in mein Denken und nistete sich dort mit der Forderung ein, ausgesprochen zu werden.

Ich schildere erst einmal die Parallelen zwischen altestamentarischem Gott und dem Nationalsozialismus

---

18 Dass solche Sätze ohne Drogeneinfluss entstehen können, ist auch mir ein Rätsel!

und dann schnitze ich euch meine Schlussfolgerung ins Papier.
Gott hatte die Juden auserwählt aus allen Völkern, als seinen Augapfel, sein kostbarstes und höchstes Gut. Im Dritten Reich hielten sich die Deutschen für das auserwählte Volk, die Herrenrasse oder, von mir aus, die Übermenschen. Die Begründung war in beiden Fällen sehr dünne, wie das im Rassismus eben so Sitte ist. Hält sich eine Nation für die Herrenrasse, so ist in dieser „Geistes"-Haltung die Unterdrückung anderer Nationen, also von Nichtjuden oder Nichtariern bereits angelegt. Im „besten" Fall wurden sie als Sklaven zur Arbeit genutzt. 2. Mose 21,21 und (im Falle der Nazis) die Geschichtsbücher berichten dazu Erhellendes. Als Alternative zur Versklavung drohte Nichtjuden beziehungsweise Nichtariern die Ausrottung. Über den Holocaust unter dem Hakenkreuz sollte Hinlängliches bekannt sein. Im Alten Testament geben viele Geschichten beredt Zeugnis davon, wie Gott den Israeliten auftrug, den Bann an Städten zu vollstrecken, das heißt, jede Person, egal ob Kind, Mann oder schwangere Frau zu töten und abzuschlachten, 4. Mose 31, 1-19 und 1. Samuel 15, 1-11, um nur zwei Beispiele zu nennen. Mitleid oder Gnade war Sünde vor Gott. Morden war in bestimmten Fällen moralische Pflicht. So wie auch Himmler das Vernichten von Leben als schwere, aber notwendige moralische Bürde seiner SS-Männer sah. O-Ton Reichsführer SS Heinrich Himmler: „Wir hatten das moralische Recht, wir hatten die Pflicht gegenüber unserem Volk, dieses Volk, das uns umbringen wollte, umzubringen." Aber die beängstigende Parallelität von Altem Testament und Drittem Reich führt noch weiter. Die Vermengung der Rassen galt in beiden Nationen als Bedrohung. Die Deutschen glaubten, die Reinheit ihres arischen Blutes erhalten zu müssen und schützten sich mit wahnwitzigen Gesetzesvorlagen, wie den Nürnberger Rassegesetzen vor Mischehen und

Rassenvermengung. Den Juden waren Mischehen ebenfalls verboten, da die Götter der anderen Völker als Gefahr für den Volksglauben eingestuft wurden. So veranlasste Esra im gleichnamigen Buch der Bibel, dass alle Mischehen geschieden und die fremden Frauen fortgejagt wurden und Pinhas, der ein Paar beim Vollzug des mischblütigen Liebesaktes mit dem Speer aufspießte, wurde im 4. Mose 25 als Glaubensheld gefeiert.
Generell lässt sich jede beliebige Diktatur mit der Gottesdiktatur des Alten Testaments vergleichen. Abweichungen von der politischen oder religiösen Linie wurden aufs Schärfste geahndet. Wenn man den Gesetzeskatalog und die dazugehörigen Strafen in den Mosebüchern überfliegt, bekommt man den Eindruck, unter Todesstrafe macht er es nicht. Todesstrafe, wenn man seinen Eltern flucht, am Sabbat Holz sammelt, homosexuell ist, einen falschen Gott anbetet oder mit einer Frau schläft, wenn sie gerade ihre Tage hat. Tod, Tod, nichts als Tod. Und auch das Denunziantentum, das im NS-Regime durch die Indoktrinierung der Hitlerjugend sogar in die Familien getragen wurde, findet sich in 5. Mose 17. Die Gemeinsamkeiten gehen bis hin zu der grotesken Tatsache, dass beide Völker gewaltsam Lebensraum im Osten suchten. Die Juden nach dem Auszug aus ägyptischer Gefangenschaft, die Nazis, nachdem sie Chamberlains kurzsichtige Appeasement-Politik bis zum Äußersten ausgereizt hatten.

So, wo führt das Ganze jetzt hin? Bis jetzt haben wir nichts als einen Vergleich, der vielen Lesern und auch mir etwas ungehörig vorkommt. Darf man denn die Vernichtungsmaschinerie des Dritten Reichs überhaupt mit irgendetwas vergleichen? Und spielt man mit so einem Vergleich nicht den NPD-Wählern neuen Zündstoff zu? Nach dem Motto, die Juden haben ja damals auch …? Nun, das denke ich nicht. Eine Gräueltat wird nicht dadurch harmloser, dass man sie unter bestimmten

Gesichtspunkten mit einer anderen Gräueltat vergleicht. Schon gar nicht, wenn es sich um eine Opferzahl von allein sechs Millionen Juden handelt. Diese Dimension sprengt die Vorstellungskraft, wenn man sich überlegt, dass, falls abgerundet wurde, hier Hunderte oder Tausende aus Gründen der Übersichtlichkeit nicht einmal in der offiziellen Statistik auftauchen. Und es liegt mir natürlich fern, die blutige jüdische Geschichte mit dem industriellen Morden der Deutschen auf eine Stufe zu stellen. Leider dürfen wir uns rühmen, als massenmordende Nation ein Verbrechen von einzigartiger Widerwärtigkeit begangen zu haben. Mir kam es bei dem Vergleich nicht auf ähnliche Dimensionen der Untaten, sondern auf verwandte Geisteshaltungen an.

Und damit nun zur Erkenntnis, die diesem ominösen Kapitel innewohnt: Egal wo man kulturell, sozial oder religiös verwurzelt ist, man sollte nie mit zweierlei Maß messen. Was Unrecht bei den Nazis war, ist auch Unrecht im Alten Testament. Völkermord und Rassendiskriminierung lassen sich nicht mit christlichen Worthülsen abmildern. Ein frommes „Gottes Wege sind sonderbar“ genügt nicht als Distanzierung von Massakern, die im Alten Testament mit dem scheinbaren Willen Gottes religiös verbrämt wurden.

Natürlich hat es der historisch kritisch Glaubende in diesem Falle leichter, der sich der Tatsache bewusst wähnt, dass Gott über die Jahrhunderte auch ein Abbild des Menschen war und oft herangezogen wurde, um menschliches Streben nach Macht und Hegemonie zu festigen. Aber auch dem naiv und buchstäblich glaubenden Christ wäre der Mut zu wünschen, sich von gewissen Aussagen der Bibel zu distanzieren. Die Angst vor Glaubenszweifeln darf nicht dazu führen, dass man rassistische Praktiken absegnet, bloß weil sie nicht in „Mein Kampf“ sondern im Alten Testament auftauchen. Denn jedes distanzlose und absolute Befürworten einer

Lehre, sei sie weltlich oder religiös, trägt in sich bereits den Keim zur Unterdrückung Andersdenkender. Der „christliche" Attentäter Brevik hat in Norwegen gezeigt, wozu die blinde Unterordnung unter eine absolute Wahrheit in letzter Konsequenz führen kann. ZDF-Chefredakteur Peter Frey sagte in einem Kommentar zu diesem Attentat: „Dabei ist das Christentum keine Religion des Mordens. Nicht absolute Wahrheiten, Blut, Kampf, im Gegenteil: Barmherzigkeit und Feindesliebe stehen über allem. Deshalb müssen die christlichen Kirchen die Trennlinie zu fundamentalistischen Gruppen scharf ziehen, ihnen nicht überlassen zu definieren, was christlich ist." Und das ist ohne eine gesunde Portion kritische Selbstreflexion nicht zu machen. Frei nach dem Motto „Ein jeder kehr vor seiner Tür, da hat er genug Dreck dafür." Niemand steht über dem kategorischen Imperativ und wenn man meint, Folter, Diskriminierung und Unterdrückung Andersdenkender sei in bestimmten Fällen von Gott gewollt, dann sollte man sein Gottesbild mal mit der Lupe betrachten und man wird verblüfft feststellen, wer sich eigentlich hinter der Maske verbirgt.

So, ich denke das wär's dann! Eigentlich wollte ich noch Hannah Ahrendt unterbringen, die sagte: „Niemand hat das Recht zu gehorchen." Aber das wird wohl nichts mehr. Ende. Oder um Bertolt Brecht wenigstens einmal zu zitieren: „Verehrtes Publikum, los, such dir selbst den Schluss! Es muss ein guter da sein, muss, muss, muss!"

3367458R00090

Printed in Germany
by Amazon Distribution
GmbH, Leipzig